Dr. Inge Hofmann

Sonja Carlsson

# Die große ERNÄHRUNGSTABELLE

Kalorien
Vitamine
Mineralstoffe



Bassermann

# Inhalt

# Übergewicht durch körpereigene Programme und Gegenstrategien

**Die Hungerfalle**
Zu kalorienreiche Kost bei zu geringem Energieverbrauch
– mehr Bewegung

**Die Stressfalle**
Drosselung des Energieverbrauchs im Körper unter Stress
– Stress abbauen

**Die Überlebensfalle**
Einschaltung von Energiesparprogrammen im Körper bei Reduktionsdiät
– ausgewogen ernähren

**Die Blutzuckerfalle**
Hunger durch zu viel Zucker in der Nahrung
– Zuckerkonsum minimieren, Stärkeprodukte bevorzugen

**Die Energiefalle**
Heißhunger durch kalorienarme Diätprodukte
– Kalorienzufuhr dem tatsächlichen Bedarf anpassen

**Die Geschmacksfalle**
Hunger durch den süßen Geschmack der Süßstoffe
– Süßstoffe vermeiden

# Kalorientabelle

**Ihr unverzichtbarer Begleiter beim Einkaufen. Denn dick werden und sich unwohl fühlen beginnt im Supermarkt. Richtiges Einkaufen macht Abnehmen und gesundes Essen leicht.**

- So erkennen Sie Kalorien- und Gesundheitsfallen
- So kaufen Sie gesund, ausgewogen und schadstoffarm ein
- Mit dem 13-Punkte-Programm zum Schlankwerden und -bleiben

➡ **Die 13 häufigsten Kalorienfallen beim Einkaufen:**

- Fruchtjoghurt
- Milchprodukte für Kinder
- Eierlikör
- Wurst
- Toastbrot
- Baguette
- Knusperbrot
- Croissant
- Kartoffelveredelungsprodukte
- panierte und frittierte Speisen
- Fruchtsäfte
- Nuss-Nougat-Cremes
- Zuckeraustauschstoffe

# Nahrung: Freund und Feind des Körpers

Die Ernährung ist ein wichtiger Faktor für die Gesundheit und die Leistungsfähigkeit eines Organismus. »Betankt« man seinen Körper mit dem richtigen »Sprit«, so dankt er dies mit guter Gesundheit, Vitalität und dem richtigen Gewicht.

## Briketts für die Stoffwechselflamme

Die Eigenschaft eines Lebensmittels, körperlich verwertbare Energie zu liefern, der Nährwert also, wird in Kilokalorien oder Kilojoule (1 kcal = 4,18 kJ) gemessen. Der Körper verbrennt diese »Energiebriketts« in seinem Stoffwechsel, um sich selbst zu erhalten und um Arbeit zu leisten.

Der tägliche Energiebedarf setzt sich aus dem Grund- und dem Arbeitsumsatz zusammen. Die Energie für den Grundumsatz wird für die Aufrechterhaltung aller Lebensfunktionen in völliger Ruhe benötigt. Er beträgt durchschnittlich eine Kilokalorie je Kilogramm Körpergewicht und Stunde. Dazu kommt als Arbeitsumsatz der Energiebedarf für jede andere Tätigkeit. So beträgt der tägliche Kalorienbedarf bei einer sitzenden Tätigkeit für Frauen rund 2000 kcal (= 8500 kJ), für Männer 2400 kcal (= 10000 kJ). Je nach geleisteter Aktivität erhöht sich dieser Wert. Energiebedarf und -verbrauch eines Menschen sind jedoch keine festen Größen. Es gibt hier individuelle, genetisch programmierte Unterschiede. Ebenso spielen Trainingszustand, Kondition und Hormonhaushalt eine Rolle. Der Hormonhaushalt entscheidet z. B. hauptsächlich darüber, ob überschüssige Kalorien in Wärme »verheizt» oder als Fettdepot angelegt werden.

## Das Geheimnis des Idealgewichts

Die in der Nahrung enthaltene Energie verteilt sich hauptsächlich auf die drei Grundbausteine Kohlenhydrate, Fette und Eiweiß:

Kohlenhydrate: Als Zucker gehen Kohlenhydrate schnell ins Blut und liefern dadurch

## Übergewicht aus dem Supermarkt

Dick werden beginnt oft im Supermarkt. Viele Menschen bemühen sich um eine kalorienarme Ernährung und holen sich trotzdem unbewusst regelrechte Dickmacher ins Haus. Daher aufgepasst bei folgenden Bezeichnungen:

- **Light/Leicht/Limit**

Solche Kennzeichnungen erwecken den Eindruck eines kalorienarmen Produkts. Doch was als »light« gekennzeichnet wird, steht ganz im Ermessen des Herstellers, denn dieses Zauberwort ist nicht geschützt. Ein »leichtes« Produkt kann z. B. leicht bekömmlich, leicht verdaulich, locker und luftig, kalorienarm, alkoholarm, koffeinarm, nikotinarm oder kohlensäurearm sein.

Achten Sie also darauf, ob und in welchem Umfang die Kalorienzahl gesenkt wurde. Doch gerade dies ist oft nicht zu erkennen, auch wenn auf den Packungen mit scheinbar exakten Zahlen geworben wird. Die Angabe 50 Prozent Fett klingt gut, sie ist aber nur eindeutig, wenn auf dem Etikett angegeben ist, worauf sich die Prozentzahl bezieht (auf ein vergleichbares Produkt, auf die Gesamtmasse etc.). Doch diese Angabe fehlt oft.

Häufig enthalten Light-Produkte statt Zucker Süßstoffe oder statt Fett jede Menge Zusatzstoffe, um eine fettartige Konsistenz vorzutäuschen. Sie sind also nicht unbedingt gesunde Produkte.

- **Kalorienreduziert**

Diese Bezeichnung ist in der Nährwertkennzeichnungsverordnung festgelegt. Bei solchen Produkten muss der durchschnittliche Brennwert eines herkömmlichen Vergleichsprodukts um mindestens 40 Prozent unterschritten sein. Für bestimmte Erzeugnisse sind Brennwert-Höchstwerte vorgeschrieben.

- **Kalorienarm**

Mit diesem Zusatz darf nur geworben werden, wenn der Brennwert eines flüssigen Lebensmittels nicht mehr als 20 kcal bzw. 84 kJ/100 ml und der eines festen nicht mehr als 50 kcal bzw. 210 kJ/100 g beträgt.

- **Diätetisches Lebensmittel**

Das sind Nahrungsmittel, die in ihrer Zusammensetzung gegenüber normalen Produkten verändert sind, z. B. natriumarm, kochsalzarm, eiweißreich, glutenfrei. Sie dienen speziellen Ernährungsanforderungen und sind in der Regel nicht kalorienreduziert.

- **Zuckerfrei**

Diese Bezeichnung ist lebensmittelrechtlich nicht genormt. Sie sagt lediglich aus, dass kein normaler Haushaltszucker (Saccharose) verwendet wurde. Andere kalorienhaltige Süßmacher wie Traubenzucker, Malzzucker, Fruchtzucker oder Zuckeraustauschstoffe können durchaus enthalten sein.

Meist handelt es sich hierbei um Produkte für die Gesundheit der Zähne.

## Vorsicht Gesundheitsfallen!

Wer die Kalorienzahl zum Einkaufskriterium für seine Nahrungsmittel macht, der läuft Gefahr, von der Kalorienfalle in die Gesundheitsfalle zu geraten. Schlank und krank ist nicht erstrebenswert. Daher sollten Sie folgende Gefahren auf dem Lebensmittelmarkt kennen:

- **Kontaminierte Lebensmittel**

Kaum ein Nahrungsmittel ist heute frei von Schadstoffen, wie z. B. Umweltchemikalien, Verpackungsrückstände, Tierarzneimittel, Verarbeitungshilfsmittel. Hier hilft nur bewusstes Einkaufen. Informieren Sie sich in der Presse über gegenwärtig besonders belastete Nahrungsmittel und meiden Sie diese. Bei Lebensmittelrohstoffen wie Getreide, Kartoffeln, Gemüse oder Schlachtfleisch besteht noch die größte Sicherheit bei Produkten aus biologischen Anbaumethoden, bei denen bewusst auf Schadstoffarmut geachtet wird.

Dazu zählen:
<u>Alternativer Landbau:</u> Dies sind Anbaumethoden, die weitgehend ohne Einsatz von Mineraldünger, Pflanzenschutzmitteln, Zusatzstoffen und Medikamenten auskommen. Sie firmieren unter den Bezeichnungen »biologisch-dynamisch«, »organisch-biologisch«

**TIPP:**
Kaufen Sie Produkte aus schadstoffreduzierten Anbaumethoden, am besten direkt auf dem Hof der Biobauern (oder Versand), entsprechenden Marktständen auf dem Wochenmarkt oder in Naturkostläden und Reformhäusern.
<u>Achtung:</u> Auch solche Lebensmittel sind nicht rückstandsfrei, da bestimmte Einwirkungen von Schadstoffen aus der Umwelt nicht verhindert werden können.

oder »naturnaher Anbau« und werden nach den Richtlinien des kontrolliert-ökologischen Landbaus hergestellt.

Verarbeitete Lebensmittel dürfen nur dann als ökologisch, biologisch, organisch, alternativ, naturnah oder ähnlich bezeichnet werden, wenn sie zu 95 Prozent aus ökologisch erzeugten Zutaten bestehen. Sie erkennen solche Produkte an den Warenzeichen der anerkannten Verbände Demeter, Bioland, ANOG, Naturland, Biokreis, Gäa, Bundesverband ökologischer Weinbau oder an dem Vermerk »Ökologische Agrarwirtschaft-EWG-Kontrollsystem«. (Genau lesen! Vor einigen Jahren hatte sich ein Unternehmen unverfroren den Markennamen »Biolan« zugelegt!)

Integrierter Landbau: Dies sind Produkte, die aus konventionellem Landbau mit eingeschränktem Einsatz von chemisch-synthetischen Dünge-, Herbizid- und Pflanzenschutzmitteln gewonnen werden.

Der integrierte Landbau ist also nicht exakt definiert, Schwankungen in der Produktqualität sind üblich. Derartige Erzeugnisse werden als »Produkte aus kontrolliertem Anbau« gekennzeichnet.

Leider wird oft gegen die Bestimmungen zur »Biokost« verstoßen.

- **Verdorbene Lebensmittel**

Es ist meist nicht schwierig, verschimmelte oder verfaulte Lebensmittelrohstoffe zu erkennen und zu meiden. Selbst bei Dosenprodukten sind verdorbene Lebensmittel fast immer an der typischen Deckelwölbung infolge von Gasbildung zu erkennen. Schwieriger zu entdecken sind dagegen aus bereits verdorbenen Rohstoffen hergestellte Fertigprodukte. Eine erst jüngst erkannte Gefahr geht hier von Schimmelpilzgiften (Mykotoxinen) aus.

Schimmelpilze befallen bei unsachgemäßer Lagerung vorwiegend Rohstoffe wie Weizen, Roggen, Gerste, Hafer, Mais, Reis, aber auch Tierfutterkonzentrate, Obst und Gemüse. Die dabei gebildeten Giftstoffe sind meist außerordentlich resistent, über-

**TIPP:**
Kaufen Sie nur hochwertige Nahrungsmittel, und schränken Sie den Konsum von stark bearbeiteten Lebensmitteln ein. Verschimmelte Lebensmittel sollten weggeworfen werden, denn der Pilz ist meist weiter eingedrungen als erkennbar ist.

stehen viele Herstellungsprozesse und gelangen so in das Endprodukt. Sie stehen im Verdacht, Leber- und Nierenkrebs hervorzurufen.

- **Bestrahlte Lebensmittel**

Zum Zwecke der Haltbarmachung werden Lebensmittel in anderen Ländern mit ionisierenden Strahlen behandelt. Diskutiert werden hierbei nachteilige qualitative Veränderungen der Lebensmittel wie Zerstörung von essenziellen Aminosäuren, Fettsäuren oder Vitaminen sowie die Entstehung toxikologisch bedenklicher Stoffe. Außerdem wird so oft eine Frische vorgetäuscht, die tatsächlich nicht existiert.

Ob ein Lebensmittel bestrahlt ist oder nicht, kann man weder am Aussehen noch am Geruch oder Geschmack feststellen.

Über eine Regelung zur Kennzeichnung solcher Produkte auf dem deutschen Markt besteht noch keine Einigkeit.

**TIPP:**
Bevorzugen Sie frische, wenig verarbeitete, saisongerechte Produkte. Bei diesen ist eine Strahlenbehandlung überflüssig.

- **Gentechnisch erzeugte Lebensmittel**

Durch Manipulation am Erbgut lassen sich Lebensmittel nach Maß herstellen, indem die Eigenschaften von Nutzpflanzen und Nutztieren nach Plan verändert werden. Noch sind die Auswirkungen derartiger Manipulationen auf die menschliche Gesundheit nicht abzusehen.

Auf EU-Ebene wurde nun eine allgemeine Kennzeichnungspflicht für genmanipulierte Produkte beschlossen.

**TIPP:**
Mit frischen, wenig verarbeiteten und saisongerechten Produkten aus der Region gehen Sie meist auf Nummer Sicher. Je weniger ein Lebensmittel be- und verarbeitet ist, desto weniger muss auch mit »Qualität aus dem Genlabor« nachgeholfen werden.
Vorsicht ist immer geboten, wenn sich ein Nahrungsmittel »anders« als gewohnt verhält, also nicht mehr schimmelt, ranzig und braun wird.

# Für immer schlank mit dem 13-Punkte-Programm

**1**

Orientieren Sie sich anhand der folgenden Kalorientabellen über den Energiegehalt der Nahrungsmittel. Kaufen Sie kalorienarme Produkte, wenn Sie abnehmen wollen oder aus gesundheitlichen Gründen müssen. Spezielle Kalorienfallen sind gekennzeichnet. Wer jedoch zunehmen möchte, der sollte bevorzugt energiereiche Nahrungsmittel auswählen.

**2**

Augen auf beim Einkauf! Kaufen Sie Ihre Nahrungsmittel bewusst und sorgfältig ein. Vergessen Sie nie, einen Blick auf die Zutatenliste und das Haltbarkeitsdatum zu werfen. Nur so wissen Sie, was Sie wirklich kaufen! Besonders wichtig ist dies bei Waren aus anderen EU-Ländern, die oft andere Zutaten als ein entsprechendes deutsches Produkt enthalten.

Auf (Halb-)Fertiggerichten finden Sie praktisch immer Angaben zu Nährwert und Zusammensetzung. Überprüfen Sie diese sorgfältig, und lassen Sie Produkte mit unklaren Verpackungstexten im Regal.

**3**

Der Hauptfeind der schlanken Linie ist Fett. Es besitzt nicht nur die höchste Energiedichte pro Bissen, meist isst man davon auch zu viel. Forscher haben herausgefunden, dass das Sättigungszentrum im Gehirn langsamer auf Fette als auf Kohlenhydrate und Eiweiß reagiert. Meiden Sie daher fettreiche Speisen, und achten Sie auf versteckte Fette z. B. in Fleisch, Wurst, Schokolade, Sahne, Nüssen und Fettkäse.

**4**

Stellen Sie sich eine kalorienarme und abwechslungsreiche Kost zusammen. Kaufen Sie dafür nur hochwertige Nahrungsmittel, und essen Sie täglich Frischkost in Form von frischem Obst, Rohkost und Salaten, aber auch Gemüse und Kartoffeln. Sie aktivieren damit Ihre inneren Sensoren für das »Sattsein«.

**5**

Essen Sie so wenig Zucker und Süßigkeiten wie möglich.

**6**

Reduzieren Sie Ihren Fleischkonsum auf ein bis zwei Mahlzeiten pro Woche, und verzichten Sie weitgehend auf fettreiche Wurst- und Fleischwaren. Viele ernährungsabhängige

Krankheiten wie Arteriosklerose oder Gicht gehen auf einen übermäßigen Verzehr von tierischem Eiweiß zurück.

**7**
Essen Sie vorwiegend Vollkornprodukte, also Vollkornbrot, Vollkornnudeln, Vollkorngebäck, Vollreis etc. Gegenüber den entsprechenden Produkten aus Weißmehl besitzen sie den Vorteil, reichlich Ballaststoffe, Vitamine und Mineralien zu enthalten und länger zu sättigen.

**8**
Essen Sie täglich genug hochwertiges Eiweiß, z. B. aus Milch und Milchprodukten, Kartoffeln, Vollgetreideprodukten, magerem Fleisch, Geflügel und Fisch, aber meiden Sie einseitige Eiweißkost.

**9**
Trinken Sie ausreichend, am besten zwei bis drei Liter täglich.

**10**
Verbannen Sie stark bearbeitete und veredelte Produkte von Ihrem Teller. Diese Produkte tricksen oft bewusst durch raffiniertes Geschmacks- und Geruchsdesign das Sättigungsgefühl aus. So ist es z. B. kein Problem, eine Tüte Kartoffelchips auf einmal zu verzehren; mit der gleichen Kalorienmenge in Form von Kartoffeln täte man sich schwerer.

**11**
Übertreiben Sie die Kalorienreduktion nicht. Wer täglich weniger als 1200 kcal (5000 kJ) zu sich nimmt, führt dem Körper zu wenig Vitamine, Mineralien und Spurenelemente zu. Besser ist es, den Organismus durch regelmäßigen Sport langfristig auf einen höheren Kalorienverbrauch einzustellen.

**12**
Seien Sie tolerant gegenüber Ihrem Körper. Menschen unterscheiden sich nicht nur in ihrer Augen- und Haarfarbe, sondern auch in den Stoffwechseleigenschaften. So verbrennt der eine seine Kalorien besser als ein anderer. Akzeptieren Sie, dass es genetisch programmierte Gewichtsunterschiede gibt.

**13**
Gelingt es Ihnen trotz aller Bemühungen nicht, Ihr Wunschgewicht zu erreichen, so lassen Sie sich von einem Arzt untersuchen. Möglicherweise leiden Sie an einer Stoffwechselstörung (z. B. der Schilddrüse), die für Ihr spezielles Gewichtsproblem verantwortlich ist.

# Hinweise zur Benutzung der Kalorientabellen

Die Nährstoff- und Energieangaben der Nahrungsmittel beziehen sich, wenn nicht anders angegeben, auf 100 g verzehrfähiges Produkt, also geputztes Gemüse, entsteintes Obst, Fleisch und Geflügel ohne Knochen und ausgenommenen Fisch.

Mit diesen Angaben können Sie die verwendeten bzw. verzehrten Nährstoff- und Energiemengen berechnen.

Die farbig unterlegten Spalten garantieren ein schnelles Auffinden der benötigten Werte und sorgen für eine bessere Übersicht.

Die Energiewerte (kcal und kJ) wurden auf ganze Zahlen gerundet, alle anderen Zahlen auf eine Stelle hinter dem Komma.

# Fette, Öle und Mayonnaiseprodukte

Fette und Öle sind die Nahrungsmittel mit dem höchsten Kaloriengehalt.

Speisefette werden sowohl aus Pflanzen als auch aus Tieren gewonnen. Je nach der Art der in einem Fett enthaltenen Fettsäuren unterscheidet man gesättigte sowie einfach und mehrfach ungesättigte Fettsäuren.

## Gesundheitsnutzen: Energiespender

Tierische Fette enthalten überwiegend gesättigte Fettsäuren und sind bei Raumtemperatur fest. Pflanzen- und Fischfette sind überwiegend ungesättigt und flüssig.

Im Gegensatz zu den gesättigten Fettsäuren kann der Körper mehrfach ungesättigte Fettsäuren gar nicht oder nur unter bestimmten Umständen und dann nur in sehr geringen Mengen selbst herstellen. Diese »essenziellen Fettsäuren« müssen daher mit der Nahrung aufgenommen werden. Günstig ist es, den Fettbedarf überwiegend aus Pflanzen- und Fischfett zu decken. Das Fett von Landtieren sollte nur in geringen Mengen gegessen werden.

Fett ist ein lebensnotwendiger Bestandteil der Ernährung. Aus den Fettsäuren werden Hormone, Botenstoffe des Immunsystems, Bausteine für Zellmembranen und Haut etc. hergestellt. Daneben enthalten Fette auch das lebenswichtige Vitamin E. So sollten regelmäßig Pflanzenöle (am besten in Salat) und Fisch gegessen werden.

| Lebensmittel (pro 100 g verzehrbarer Anteil) | Kilokalorie (kcal) | Kilojoule (kJ) | Eiweiß g | Fett g | mehrfach ungesättigte Fettsäuren g | Kohlenhydrate g | Ballaststoffe g |
|---|---|---|---|---|---|---|---|
| **Hühnerei** | | | | | | | |
| Vollei frisch | 159 | 665 | 12,9 | 11,7 | 1,7 | 0,6 | 0 |
| Gew. Kl. XL, 75 g | 107 | 448 | 8,6 | 7,8 | – | 0,4 | 0 |
| Gew. Kl. L, 68 g | 100 | 418 | 8,1 | 7,4 | – | 0,4 | 0 |
| Gew. Kl. M, 60 g | 91 | 381 | 7,4 | 6,7 | – | 0,3 | 0 |
| Gew. Kl. S, 52 g | 83 | 347 | 6,7 | 6,1 | 0,9 | 0,3 | 0 |
| Eigelb, frisch | 353 | 1476 | 16,1 | 31,9 | 4,5 | 0,3 | 0 |
| Eiklar frisch | 48 | 202 | 10,9 | 0,2 | + | 0,7 | 0 |
| Eigelb, mittelgroß, ca. 19 g | 68 | 285 | 3,1 | 6,1 | 0,9 | 0,1 | 0 |
| Eiklar, mittelgroß, ca. 33 g | 16 | 67 | 3,6 | 0,1 | + | 0,2 | 0 |
| Vollei, getrocknet | 571 | 2389 | 46,2 | 41,9 | 5,6 | 2,2 | 0 |
| Eigelb, getrocknet | 681 | 2849 | 31,1 | 61,6 | 8,7 | 0,6 | 0 |
| Eiklar, getrocknet | 352 | 1473 | 79,4 | 1,5 | + | 5,1 | 0 |

**Zeichenerklärung:**

– keine Daten verfügbar

\+ in Spuren

**Hinweis:**

Bei dem angegebenen Gewicht der Hühnereier muss von einem Schalenanteil von 5 bis 6 Gramm pro Ei ausgegangen werden. Ein Ei der Gewichtsklasse S, das weniger als 53 Gramm wiegt, enthält demnach nur etwa 48 Gramm verzehrbaren Ei-Anteil. Die Nährstoffangaben beziehen sich auf das Gewicht ohne Schale.

# Milch und Milchprodukte

Milch und Milchprodukte sind hochwertige Nahrungsmittel, die regelmäßig konsumiert werden sollten.

Der empfohlene Tagesbedarf an Milch beträgt 0,25 bis 0,5 Liter. Milchprodukte sind aus Milch oder Milchbestandteilen hergestellte Erzeugnisse, z. B. Joghurt, Kefir, Buttermilch, Kakaotrunk, Sahneerzeugnisse, Dauermilcherzeugnisse, Milchmischerzeugnisse. Vor allem in Letzteren sind die Wert gebenden Bestandteile der Milch durch Zusätze wie Kakao, Honig, Früchte, Obstsäfte, Nüsse, Ballaststoffe »verdünnt«.

## Gesundheitsnutzen: Fitmacher

Das Milcheiweiß enthält alle essenziellen (vom Körper nicht herstellbaren) Aminosäuren, das Milchfett ist leicht verdaulich, und der Milchzucker trägt zur Regulierung der Darmfunktion bei. Ferner enthält Milch neben zahlreichen Spurenelementen insbesondere die Mineralien Kalzium, Kalium und Natrium.

Ein Liter Milch liefert 1250 mg Kalzium und deckt damit den Tagesbedarf eines durchschnittlichen Erwachsenen zu 150 Prozent. Milch ist somit unser wichtigster Kalziumlieferant. In der Milch kommen neben geringen Mengen an den fettlöslichen Vitaminen A, D und E sämtliche wasserlöslichen Vitamine vor.

Daneben enthalten Milch und Milchprodukte die in Nahrungsmitteln relativ selten vorkommende Orotsäure (60–130 mg/l), eine wasserlösliche Verbindung, die im Körper an der Erneuerung der Erbsubstanz in den Zellen beteiligt ist. Orotsäure gilt als Jungmacher für besonders aktive Organe des Körpers (Gehirn, Leber, Herz) und ist daher Bestandteil verschiedener Medikamente zur Behandlung von Altersbeschwerden (Geriatrika).

## Tipps für Einkauf und Ernährung

**1**
Bevorzugen Sie fettarme Produkte. Vollmilch enthält 3,5 Prozent Fett, fettarme Milch 1,5 bis 1,8 Prozent, Magermilch weniger als 0,3 Prozent.

Die fettarmen Produkte entsprechen den fettreicheren hinsichtlich Eiweiß, Zucker, Mineralien und Spurenelementen. Sie enthalten lediglich weniger Fett und die fettlöslichen Vitamine A und D. Sofern diese Vitamine durch andere Lebensmittel ausreichend zugeführt werden, sind fettarme Milch und Milchprodukte ideale kalorienarme und gesunde Nahrungsmittel.

**2**
Sauerprodukte (Joghurt, Kefir, Dickmilch) sind durch bestimmte Bakterien dickgelegte Milchprodukte. Achten Sie darauf, dass sie einen möglichst hohen Gehalt an rechtsdrehender [L(+)] Milchsäure enthalten, die für den Organismus günstiger ist. Bevorzugen Sie auch hier fettarme Produkte!

**3**
Sahne und Butter sind Milchprodukte mit sehr hohen Fettgehalten. Sie sollten nur sparsam verzehrt werden. Sahne enthält verglichen mit Vollmilch bis zu 30 Prozent weniger Mineralien, Spurenelemente und wasserlösliche Vitamine. Dafür sind die fettlöslichen Vitamine auf etwa das Zehnfache angereichert.

**4**
Buttermilch und Molke sind wertvolle und kalorienarme Milchprodukte und ein idealer Snack für zwischendurch.

**5**
Damit das Kalzium der Milch optimal in den Körper aufgenommen werden kann, ist Vitamin D (z. B. aus Fisch und Eiern) nötig. Die beste Vitamin-D-Quelle ist ein täglicher Spaziergang im (Sonnen-) Licht.

**6**
Milchimitate sind Produkte, bei denen Milchfett und/oder Milcheiweiß ganz oder teilweise durch anderes Fett und Eiweiß ersetzt sind (z. B. Kaffeeweißer, Dessertschäume). Als Ersatz für das wertvolle Milchfett dienen vorwiegend billigere pflanzliche Rohstoffe, z. B. Sonnenblumen- oder Palmkernöl. Zusätzlich ent-

halten solche Imitate noch jede Menge an »Schönungsmitteln« wie Stabilisatoren, Emulgatoren, Konservierungs- und Farbstoffe, sie sind also ein wahrer »Fremdstoffcocktail«. Derartige Produkte sind keine Alternative zu Milchprodukten, sondern eine eigene Produktkategorie, meist kalorienreich und in ihrer Zusammensetzung oft undurchschaubar.

**7**
Milchsubstitutionsprodukte oder Milchersatzprodukte sind Erzeugnisse, die aus anderen Stoffen als Milch bestehen (zumeist aus Soja hergestellt) und entweder als Produkte aus anderen Kulturkreisen auf dem hiesigen Markt eingeführt wurden oder in Reformhäusern für Verbraucher mit besonderen Kostanforderungen (Allergiker) angeboten werden. Beispiele hierfür sind Tofu, Sojadrinks, Sojajoghurts, Sojafleisch und Sojadesserts. Sie gelten nicht als Imitate, sind meist ausreichend deutlich gekennzeichnet und werden nur in speziellen Läden verkauft.

### Achtung Kalorienfalle: Fruchtjoghurt und Kinderprodukte

Regelrechte Kalorienmogelpackungen sind Joghurtsorten mit Fruchtzubereitungen und Milchmischerzeugnisse. So kann ein handelsüblicher Fruchtjoghurt bis zu 24 g Zucker pro Portionsbecher enthalten. Das entspricht der Menge von rund acht (8!) Stücken Würfelzucker. Gesünder und kalorienärmer ist ein Naturjoghurt mit frischen Früchten.

Entsprechendes gilt auch für Milchmischerzeugnisse, die Sie oftmals unter recht exotischen Fantasiebezeichnungen im Handel erhalten und die nicht selten speziell für Kinder bestimmt sind. Sie enthalten überwiegend zu viel Zucker und Fett und sind dadurch meist regelrechte Kalorienbomben. Lesen Sie sorgfältig die Packungsangaben, und vergleichen Sie sie mit denen von Naturjoghurt. Sie werden Ihren Kindern dann wohl kaum noch ein solches Produkt kaufen wollen.

| Lebensmittel (pro 100 g verzehrbarer Anteil) | Kilokalorie (kcal) | Kilojoule (kJ) | Eiweiß g | Fett g | mehrfach ungesättigte Fettsäuren g | Kohlenhydrate g | Ballaststoffe g |
|---|---|---|---|---|---|---|---|
| **1. Milch und Trockenmilch** | | | | | | | |
| Frauenmilch | 67 | 280 | 1,2 | 3,7 | 0,4 | 7,1 | 0 |
| Kuhmilch, | | | | | | | |
| H-Milch, 3,5 % Fett | 64 | 268 | 3,3 | 3,5 | 0,1 | 4,8 | 0 |
| H-Milch, 1,5 % Fett | 47 | 197 | 3,4 | 1,5 | 0,1 | 4,9 | 0 |
| H-Milch, mager | 35 | 146 | 3,5 | 0,1 | + | 4,9 | 0 |
| Rohmilch (Vorzugsmilch) | 67 | 280 | 3,3 | 3,8 | 0,2 | 4,8 | 0 |
| pasteurisiert, nat. Fettgehalt | 67 | 280 | 3,3 | 3,8 | 0,2 | 4,8 | 0 |
| pasteurisiert, 3,5 % Fett | 64 | 268 | 3,3 | 3,5 | 0,1 | 4,8 | 0 |
| pasteurisiert, 1,5 % Fett | 47 | 197 | 3,4 | 1,5 | 0,1 | 4,9 | 0 |
| Magermilchpulver | 356 | 1490 | 35,5 | 0,9 | – | 51,5 | 0 |
| Vollmilchpulver | 490 | 2050 | 25,3 | 26,3 | 0,8 | 38,0 | 0 |
| Schafmilch | 104 | 435 | 5,5 | 7,0 | 0,2 | 4,7 | 0 |
| Stutenmilch | 47 | 197 | 2,2 | 1,5 | – | 6,2 | 0 |
| Ziegenmilch | 70 | 293 | 3,4 | 4,3 | 0,1 | 4,4 | 0 |
| **2. Milchprodukte** | | | | | | | |
| Buttermilch, | 34 | 142 | 3,2 | 0,5 | + | 3,5 | 0 |
| Reine | 38 | 159 | 3,5 | 0,6 | + | 4,0 | 0 |
| Frucht- | 63 | 264 | 2,9 | 0,6 | + | 10,8 | 0 |
| Multivitamin- | 64 | 268 | 2,7 | 0,1 | + | 12,5 | 0 |
| Pulver | 376 | 1573 | 34,9 | 6,0 | 0,2 | 44,6 | 0 |
| Crème double | 418 | 1749 | 3,1 | 43,1 | 1,7 | 4,5 | 0 |
| Crème fraîche | 318 | 1331 | 3,3 | 32,0 | 1,3 | 3,6 | 0 |
| Dickmilch, | | | | | | | |
| Sahne-, 10 % Fett | 120 | 502 | 3,1 | 10,0 | 0,4 | 3,7 | 0 |
| 3,5 % Fett | 64 | 268 | 3,3 | 3,5 | 0,1 | 4,0 | 0 |
| 1,5 % Fett | 46 | 193 | 3,4 | 1,5 | + | 4,1 | 0 |
| mager | 34 | 142 | 3,4 | 0,1 | 0 | 4,2 | 0 |
| Diätfruchtjoghurt, | | | | | | | |
| mit Vitaminen, 3,5 % Fett | 70 | 293 | 2,9 | 3,5 | 0,1 | 6,1 | 0 |
| 1,5 % Fett | 50 | 209 | 3,3 | 1,2 | + | 5,9 | 0 |
| mager | 42 | 176 | 3,9 | 0,2 | + | 5,5 | 0 |

| Lebensmittel (pro 100 g verzehrbarer Anteil) | Kilokalorie (kcal) | Kilojoule (kJ) | Eiweiß g | Fett g | mehrfach ungesättigte Fettsäuren g | Kohlenhydrate g | Ballaststoffe g |
|---|---|---|---|---|---|---|---|
| Diätfruchtjoghurt, | | | | | | | |
| mit Müsli, 1,5 % Fett | 96 | 402 | 4,7 | 3,5 | 0,2 | 10,9 | 0,5 |
| Fruchtjoghurt, | | | | | | | |
| – Sahne-, 10 % Fett | 144 | 602 | 2,7 | 8,7 | 0,4 | 13,0 | 0 |
| – 3,8 % Fett | 98 | 410 | 2,9 | 3,4 | 0,1 | 13,3 | 0 |
| – 3,5 % Fett | 95 | 397 | 2,9 | 3,1 | 0,1 | 13,3 | 0 |
| – 1,5 % Fett | 78 | 327 | 3,0 | 1,3 | + | 13,6 | 0 |
| – mager | 69 | 289 | 3,0 | 0,1 | – | 13,5 | 0 |
| – 1,5 % Fett, mit Nussmüsli | 96 | 402 | 2,8 | 1,7 | 0,1 | 15,8 | 0,5 |
| Joghurt, natur, | | | | | | | |
| – Sahne-, 10 % Fett | 120 | 502 | 3,1 | 10,0 | 0,4 | 3,7 | 0 |
| – 3,8 % Fett | 66 | 276 | 3,3 | 3,8 | 0,2 | 4,0 | 0 |
| – 3,5 % Fett | 64 | 268 | 3,3 | 3,5 | 0,1 | 4,0 | 0 |
| – 1,5 % Fett | 46 | 192 | 3,4 | 1,5 | + | 4,1 | 0 |
| – mager | 34 | 142 | 3,4 | 0,1 | + | 4,2 | 0 |
| – mager, gerührt | 37 | 155 | 3,9 | 0,2 | + | 4,2 | 0 |
| Kefir, natur, | | | | | | | |
| – 1,5 % Fett | 46 | 193 | 3,4 | 1,5 | 0,1 | 4,1 | 0 |
| – 3,5 % Fett | 64 | 268 | 3,3 | 3,5 | 0,1 | 4,0 | 0 |
| – Sahne-, 10 % Fett | 125 | 523 | 3,7 | 10,0 | 0,4 | 4,4 | 0 |
| Kefir, Frucht-, 1,5 % Fett | 81 | 339 | 2,9 | 1,3 | + | 13,8 | 0 |
| Kondensmilch, | | | | | | | |
| – 7,5 % Fett | 132 | 552 | 6,5 | 7,7 | 0,3 | 9,7 | 0 |
| – 10 % Fett | 175 | 732 | 8,8 | 10,0 | 0,4 | 12,5 | 0 |
| Milchmischgetränk, | | | | | | | |
| – mit Frucht (1,5 % Fett) | 78 | 326 | 3,2 | 1,4 | + | 13,1 | 0 |
| – Schoko- (1,5 % Fett) | 61 | 255 | 3,5 | 1,6 | + | 8,2 | 0 |
| – Schoko- (3,5 % Fett) | 78 | 326 | 3,5 | 3,5 | 0,1 | 8,1 | 0 |
| Milchpudding | 109 | 456 | 2,7 | 2,9 | 0,1 | 17,9 | 0 |
| Milchreis (Dessert), i. D., | 122 | 510 | 3,6 | 2,5 | 0,1 | 21,2 | 0,5 |
| – Diät-, i. D. | 70 | 293 | 3,9 | 0,8 | + | 11,7 | 0 |
| Moccajoghurt, 3,5 % Fett | 106 | 444 | 3,8 | 3,5 | 0,1 | 14,3 | 0 |
| Molke, | | | | | | | |
| – Süß- | 24 | 100 | 0,6 | 0,2 | – | 4,8 | 0 |
| – Sauer- | 23 | 96 | 0,6 | 0,2 | – | 4,2 | 0 |

| Lebensmittel (pro 100 g verzehrbarer Anteil) | Kilokalorie (kcal) | Kilojoule (kJ) | Eiweiß g | Fett g | mehrfach ungesättigte Fettsäuren g | Kohlenhydrate g | Ballaststoffe g |
|---|---|---|---|---|---|---|---|
| Molke, | | | | | | | |
| – Kur- | 36 | 151 | 3,0 | 0 | – | 5,2 | 0 |
| – Fruchtgetränk | 52 | 218 | 0,4 | 0 | – | 12,0 | 0 |
| – Diätfruchtgetränk | 28 | 117 | 0,4 | 0 | – | 6,0 | 0 |
| Molkenpulver | 350 | 1464 | 10,9 | 1,1 | – | 72,8 | 0 |
| Müslijoghurt, 1,5 % Fett | 102 | 427 | 3,6 | 1,4 | + | 18,4 | 0,5 |
| Nussjoghurt, 3,5 % Fett | 95 | 397 | 2,9 | 3,1 | 0,1 | 13,3 | 0 |
| Sahne, | | | | | | | |
| – sauer, 10 % Fett | 118 | 494 | 3,1 | 10,0 | 0,4 | 3,3 | 0 |
| – sauer, 18 % Fett | 188 | 787 | 2,9 | 18,0 | 0,7 | 3,0 | 0 |
| – sauer, 24 % Fett | 243 | 1017 | 2,7 | 24,0 | 0,9 | 3,4 | 0 |
| – Kaffeesahne, 12 % Fett | 136 | 569 | 3,0 | 12,0 | 0,5 | 3,9 | 0 |
| – Schlagsahne, 30 % Fett | 293 | 1226 | 2,5 | 30,0 | 1,2 | 3,2 | 0 |
| – Schlagsahne, 36 % Fett | 345 | 1443 | 2,3 | 36,0 | 1,4 | 3,0 | 0 |
| – Sprühsahne, 30 % Fett | 312 | 1305 | 2,4 | 30,0 | 1,2 | 8,2 | 0 |
| Schafmilchjoghurt, 6 % Fett | 94 | 393 | 5,5 | 6,0 | 0,2 | 3,8 | 0 |
| Vanillejoghurt, 3,5 % Fett | 95 | 397 | 3,8 | 3,0 | 0,1 | 12,6 | 0 |
| Ymer | 74 | 310 | 6,0 | 3,5 | 0,1 | 4,0 | 0 |

**Zeichenerklärung:**

– keine Daten verfügbar

\+ in Spuren

i. D. im Durchschnitt

**Hinweis:**

Bei den Milchprodukten mit Zusätzen bezieht sich der hinter dem Produktnamen angegebene Fettgehalt auf den Milchanteil. Diätjoghurts sind mit Süßstoff, Diabetikerzucker oder Zuckeraustauschstoff gesüßt und für Diabetiker geeignet. Beachten Sie die Hinweise auf dem Etikett und bei Übergewicht auch den Fettgehalt.

# Käse

Der Fettgehalt eines Käses entscheidet über seinen Geschmack und Kaloriengehalt. Je mehr Fett ein Käse enthält, desto besser schmeckt er vielen Menschen, desto höher ist aber auch sein Nährwert.

## Gesundheitsnutzen: Eiweiß fürs Wohlbefinden

Käse ist ein wichtiger Eiweißlieferant, der das Eiweiß von Fleisch und Fisch ersetzen kann. Besonders reichlich kommt im Käseeiweiß (insbesondere Hartkäse) die Aminosäure Tryptophan vor, aus der spezielle Gehirnbotenstoffe für gute Laune und Wohlbefinden hergestellt werden.

Käse enthält fast alle in der Milch vorhandenen Mineralstoffe; einige Vitamine (A, D) sind durch die Fettanreicherung in den entsprechenden Käsesorten vermehrt. Magere Sorten enthalten praktisch keine fettlöslichen Vitamine.

Mit Lab hergestellte Käse (Süßmilchkäse, z. B. Weich-, Schnitt- und Hartkäse) enthalten viel Kalzium, da das in der Milch enthaltene Kalzium bei der Labgerinnung mitgefällt bzw. sogar Kalzium zugesetzt wird. Bei Sorten, die durch Milchsäuregerinnung hergestellt werden (Sauermilchkäse, z. B. Frischkäse, Quark, Harzer), geht das Kalzium überwiegend in die Molke. So enthalten z. B. 100 g Rahmfrischkäse durchschnittlich 100 mg Kalzium, während die gleiche Portion Emmentaler 1020 mg Kalzium aufweist.

Schmelzkäse wird aus Käseresten unter Zusatz von Schmelzsalzen (Phosphate) hergestellt. Eine übermäßige Phosphatzufuhr kann zu Knochenentkalkung führen. Eine kleine Käseecke zu 30 g deckt ein Drittel des Tagesbedarfs an Phosphat. Schmelzkäse sollte daher nicht so oft gegessen werden.

## Tipps für Einkauf und Ernährung

**1**
Nach der Käseverordnung wird der Fettgehalt auf der Basis der Trockenmasse berechnet (= Käse ohne Wasser, F. i. Tr.). Diese Berechnung ermöglicht einen objektiven Vergleich der einzelnen Käsesorten. Der absolute Fettgehalt ist nämlich leicht manipulierbar.

Man unterscheidet folgende Fettgehaltsstufen in Prozent Fett in der Trockenmasse:

Doppelrahmstufe
60 bis 85 Prozent

Rahmstufe
50 bis 59 Prozent

Vollfettstufe
45 bis 49,5 Prozent

Fettstufe
40 bis 44,9 Prozent

Dreiviertelfettstufe
30 bis 39,9 Prozent

Halbfettstufe
20 bis 29,9 Prozent

Viertelfettstufe
10 bis 19,9 Prozent

Magerstufe
0 bis 9,9 Prozent

Grob geschätzt beträgt der absolute Fettanteil im Allgemeinen etwa die Hälfte des angegebenen Fettgehalts in der Trockenmasse. Lassen Sie sich hier nicht durch geschickte Werbung irreführen! Steht z. B. auf der Verpackung eines Edamers 15 Prozent Fett absolut, so entspricht das einem Fettgehalt i. Tr. von 30 Prozent und damit einer Dreiviertelfettstufe. Für eine kalorienbewusste Ernährung sollten Käsesorten aus den Kategorien Mager-, Viertelfett- und Halbfettstufe bevorzugt werden. Am kalorienärmsten und preiswertesten ist Sauermilchkäse. Manche Sorten enthalten allerdings relativ viel Salz.

**2**
Bei der Reifung entstehen in manchen Käsesorten »biogene Amine«, spezielle Eiweißabbauprodukte, die blutdrucksteigernd bzw. allergieauslösend wirken können. Bedenklich ist dies nur für Menschen, die Blutdrucksenker einnehmen, oder für Allergiker. Typische Käsesorten hierfür sind Camembert, Brie, Emmentaler, Cheddar und Roquefort.

**3**
Kaufen Sie bevorzugt Käse ohne Plastikfolien. Immer wieder werden Bedenken geäußert, dass Kunststoffbestandteile (Polyvinylchlorid) in den Käse übertreten können.

TopVital

| Lebensmittel (pro 100 g verzehrbarer Anteil) | Kilokalorie (kcal) | Kilojoule (kJ) | Eiweiß g | Fett g | mehrfach ungesättigte Fettsäuren g | Kohlenhydrate g | Ballaststoffe g |
|---|---|---|---|---|---|---|---|
| **1. Frischkäse** | | | | | | | |
| Speisequark, | | | | | | | |
| – Sahne-, 40 % F. i. Tr. | 144 | 602 | 9,0 | 10,3 | 0,4 | 3,2 | 0 |
| – 20 % F. i. Tr. | 100 | 418 | 10,8 | 4,4 | 0,2 | 3,6 | 0 |
| – mager | 70 | 293 | 12,3 | 0,2 | + | 4,1 | 0 |
| – mit Kräutern, 40 % F. i. Tr. | 146 | 611 | 9,7 | 10,2 | 0,4 | 3,2 | + |
| – mit Kräutern, 20 % F. i. Tr. | 100 | 418 | 8,1 | 5,3 | 0,3 | 4,2 | + |
| – mit Früchten, 20 % F. i. Tr. | 125 | 523 | 9,2 | 3,7 | – | 13,1 | + |
| – Diät-, mager | 52 | 218 | 7,0 | 0,2 | – | 5,0 | 0 |
| Frischkäse, | | | | | | | |
| – Rahm-, 50 % F. i. Tr. | 189 | 791 | 9,3 | 15,3 | 0,6 | 3,0 | 0 |
| – Doppelrahm, 60 % F. i. Tr. | 253 | 1059 | 8,5 | 23,0 | 1,1 | 2,4 | 0 |
| – Doppelrahm, 70 % F. i. Tr. | 312 | 1305 | 8,0 | 30,0 | 1,2 | 2,0 | 0 |
| – -creme, mager | 59 | 247 | 8,0 | 1,0 | + | 3,8 | 0 |
| – -zubereitung, 20 % F. i. Tr. | 125 | 523 | 13,5 | 6,0 | 0,2 | 3,5 | 0 |
| – -zubereitung, 50 % F. i. Tr. | 185 | 774 | 8,5 | 15,0 | 0,6 | 3,0 | 0 |
| – mit Kräutern, 60 % F. i. Tr. | 251 | 1049 | 8,5 | 23,0 | 1,0 | 2,4 | 0 |
| – Körniger, 20 % F. i. Tr. | 100 | 418 | 10,0 | 5,0 | 0,1 | 3,0 | 0 |
| Mascarpone | 460 | 1925 | 4,6 | 47,5 | 1,9 | 3,6 | 0 |
| Mozzarella, 45 % F. i. Tr. | 255 | 1067 | 18,6 | 19,8 | 0,5 | + | 0 |
| Robiola, 75 % F. i. Tr. | 335 | 1402 | 7,0 | 33,0 | 1,3 | 1,9 | 0 |
| Schafkäse, 40 % F. i. Tr. | 219 | 916 | 18,4 | 16,0 | 0,6 | + | 0 |
| Schafkäse, 45 % F. i. Tr. | 239 | 1000 | 17,0 | 18,8 | 0,7 | + | 0 |
| Schichtkäse, 10 % F. i. Tr. | 82 | 343 | 11,6 | 2,0 | 0,1 | 3,8 | 0 |
| Schichtkäse, 20 % F. i. Tr. | 100 | 418 | 10,8 | 4,4 | 0,2 | 3,6 | 0 |
| Schichtkäse, 40 % F. i. Tr. | 147 | 615 | 9,7 | 10,3 | 0,4 | 3,2 | 0 |
| Ziegenkäse, 45 % F. i. Tr. | 184 | 771 | 11,0 | 14,0 | 0,6 | 3,0 | 0 |
| Zottarella | 254 | 1063 | 21,4 | 18,7 | 0,5 | 0,3 | 0 |
| **2. Käse (gereifter Käse)** | | | | | | | |
| **Hartkäse, Reibe- und Streukäse** | | | | | | | |
| Allgäuer Hartkäse, 45 % F. i. Tr. | 387 | 1619 | 28,9 | 30,0 | 1,2 | 0 | 0 |
| Allgäuer Hartkäse, 30 % F. i. Tr. | 287 | 1201 | 31,0 | 18,0 | 0,7 | 0 | 0 |
| Bergkäse, 50 % F. i. Tr. | 394 | 1648 | 27,1 | 31,6 | 1,2 | 0 | 0 |

| Lebensmittel (pro 100 g verzehrbarer Anteil) | Kilokalorie (kcal) | Kilojoule (kJ) | Eiweiß g | Fett g | mehrfach ungesättigte Fettsäuren g | Kohlenhydrate g | Ballaststoffe g |
|---|---|---|---|---|---|---|---|
| Cheddar (Chester), 50 % F. i. Tr. | 397 | 1661 | 25,4 | 32,4 | 1,3 | 0 | 0 |
| Emmentaler, 45 % F. i. Tr. | 387 | 1619 | 28,9 | 30,0 | 1,2 | 0 | 0 |
| Greyerzer (Gruyère), 45 % F. i. Tr. | 387 | 1619 | 28,9 | 30,0 | 1,7 | 0 | 0 |
| Hobelkäse, 50 % F. i. Tr. | 475 | 1987 | 33,0 | 38,0 | 1,5 | 0 | 0 |
| Parmesan, 32 % F. i. Tr. | 358 | 1498 | 38,5 | 22,5 | 0,9 | 0 | 0 |
| Provolone, 45 % F. i. Tr. | 365 | 1527 | 26,3 | 28,9 | 0,9 | 0 | 0 |
| Reibekäse, 45 % F. i. Tr. | 387 | 1619 | 28,9 | 30,0 | 1,2 | 0 | 0 |
| Sbrinz, 45 % F. i. Tr. | 426 | 1782 | 32,0 | 33,0 | 1,5 | 0 | 0 |
| **Schnittkäse** | | | | | | | |
| Appenzeller, 50 % F. i. Tr. | 390 | 1632 | 25,4 | 31,6 | 1,3 | 0 | 0 |
| Balsfjord, 45 % F. i. Tr. | 347 | 1452 | 25,0 | 27,0 | 0,9 | 0 | 0 |
| Bavaria blue, 70 % F. i. Tr. | 414 | 1732 | 13,2 | 40,0 | 1,6 | 0 | 0 |
| Bleu d'Auvergne, 50 % F. i. Tr. | 360 | 1506 | 22,9 | 29,6 | 1,2 | 0 | 0 |
| Bleu de Bresse, 50 % F. i. Tr. | 360 | 1506 | 22,9 | 29,6 | 1,2 | 0 | 0 |
| Butterkäse, 30 % F. i. Tr.. | 246 | 1029 | 26,3 | 15,4 | 0,6 | 0 | 0 |
| Butterkäse, 45 % F. i. Tr. | 301 | 1259 | 21,7 | 23,5 | 0,9 | 0 | 0 |
| Butterkäse, 50 % F. i. Tr. | 318 | 1331 | 19,4 | 26,5 | 1,1 | 0 | 0 |
| Butterkäse, 60 % F. i. Tr. | 385 | 1611 | 17,0 | 34,7 | 1,4 | 0 | 0 |
| Butterkäse, Ziegen-, 48 % F. i. Tr. | 332 | 1389 | 21,6 | 27,0 | 0,7 | 0 | 0 |
| Cambozola, 70 % F. i. Tr. | 414 | 1732 | 13,2 | 40,0 | 1,6 | 0 | 0 |
| Danablu, 50 % F. i. Tr. | 360 | 1506 | 22,9 | 29,6 | 1,2 | 0 | 0 |
| Danbo, 40 % F. i. Tr. | 329 | 1377 | 24,1 | 25,4 | 1,0 | 0 | 0 |
| Edamer, 30 % F. i. Tr. | 257 | 1075 | 27,3 | 16,0 | 0,6 | 0 | 0 |
| Edamer, 40 % F. i. Tr. | 303 | 1268 | 24,8 | 22,3 | 1,0 | 0 | 0 |
| Esrom, 45 % F. i. Tr. | 301 | 1259 | 21,7 | 23,5 | 1,0 | 0 | 0 |
| Fontina, 45 % F. i. Tr. | 329 | 1377 | 25,0 | 25,0 | 1,0 | 0 | 0 |
| Freiburger Vacherin, 50 % F. i. Tr. | 357 | 1494 | 25,6 | 28,0 | 1,1 | 0 | 0 |
| Geheimratskäse, 50 % F. i. Tr. | 358 | 1498 | 22,2 | 29,6 | 1,1 | 0 | 0 |
| Gouda, 48 % F. i. Tr. | 346 | 1448 | 22,7 | 28,0 | 1,1 | 0 | 0 |
| Hardanger (Ziegenkäse) | 340 | 1423 | 25,0 | 26,3 | 0,7 | 0 | 0 |
| Havarti, 45 % F. i. Tr. | 328 | 1372 | 24,1 | 25,4 | 1,0 | 0 | 0 |
| Jarlsberg, 45 % F. i. Tr. | 352 | 1473 | 26,7 | 26,9 | 1,1 | 0 | 0 |
| Maasdamer, 45 % F. i. Tr. | 356 | 1450 | 25,9 | 27,6 | 1,1 | 0 | 0 |
| Pyrenäenkäse, 50 % F. i. Tr. | 359 | 1502 | 22,3 | 29,6 | 1,2 | 0 | 0 |
| Raclette, 48 % F. i. Tr. | 346 | 1448 | 22,7 | 28,0 | 1,1 | 0 | 0 |

| Lebensmittel (pro 100 g verzehrbarer Anteil) | Kilokalorie (kcal) | Kilojoule (kJ) | Eiweiß g | Fett g | mehrfach ungesättigte Fettsäuren g | Kohlenhydrate g | Ballaststoffe g |
|---|---|---|---|---|---|---|---|
| Roquefort, 52 % F. i. Tr. | 374 | 1565 | 21,0 | 32,0 | 0,8 | 0 | 0 |
| Tête de Moine, 50 % F. i. Tr. | 388 | 1623 | 24,5 | 32,0 | 1,3 | 0 | 0 |
| Tilsiter, 45 % F. i. Tr. | 328 | 1372 | 24,1 | 25,4 | 0,1 | 0 | 0 |
| Tilsiter, 50 % F. i. Tr. | 359 | 1502 | 22,3 | 29,6 | 1,2 | 0 | 0 |
| Trappistenkäse, 45 % F. i. Tr. | 345 | 1443 | 25,1 | 26,8 | 1,1 | 0 | 0 |
| Wilstermarschkäse, 50 % F. i. Tr. | 359 | 1500 | 22,3 | 29,6 | 1,2 | 0 | 0 |
| Ziegenkäse, 48 % F. i. Tr. | 355 | 1485 | 23,8 | 28,5 | 0,7 | 0 | 0 |
| Ziegenkäse, 45 % F. i. Tr. | 313 | 1310 | 22,9 | 24,4 | 0,6 | 0 | 0 |
| **Weichkäse (mit Innen- und/oder Außenschimmel)** | | | | | | | |
| Bresso, 70 % F. i. Tr. (U) | 419 | 1753 | 13,7 | 40,5 | 1,6 | 0 | 0 |
| Brie, 45 % F. i. Tr. | 281 | 1176 | 21,0 | 21,8 | 0,9 | 0 | 0 |
| Brie, 50 % F. i. Tr. | 315 | 1318 | 21,1 | 25,5 | 1,0 | 0 | 0 |
| Brie, 60 % F. i. Tr. | 367 | 1536 | 16,8 | 33,2 | 1,3 | 0 | 0 |
| Camembert, 60 % F. i. Tr. | 367 | 1536 | 16,8 | 33,2 | 1,3 | 0 | 0 |
| Camembert, 50 % F. i. Tr. | 315 | 1318 | 21,1 | 25,5 | 1,0 | 0 | 0 |
| Camembert, 45 % F. i. Tr. | 281 | 1176 | 21,0 | 21,8 | 0,9 | 0 | 0 |
| Camembert, 40 % F. i. Tr. | 257 | 1075 | 22,0 | 18,7 | 0,7 | 0 | 0 |
| Camembert, 30 % F. i. Tr. | 207 | 866 | 22,8 | 12,8 | 0,5 | 0 | 0 |
| – Back-, 45 % F. i. Tr. | 306 | 1280 | 19,0 | 17,0 | 0,7 | 19,0 | 0 |
| Edelpilzkäse, 45 % F. i. Tr. | 284 | 1188 | 18,5 | 23,0 | 0,9 | 0 | 0 |
| Edelpilzkäse, 60 % F. i. Tr. | 430 | 1799 | 19,1 | 39,1 | 1,6 | 0 | 0 |
| Edelpilzkäse, 70 % F. i. Tr. | 463 | 1937 | 14,6 | 44,7 | 1,6 | 0 | 0 |
| Gorgonzola, 50 % F. i. Tr. | 315 | 1315 | 21,1 | 25,5 | 1,0 | 0 | 0 |
| Limburger, 20 % F. i. Tr. | 188 | 787 | 26,4 | 9,0 | 0,4 | 0 | 0 |
| Limburger, 40 % F. i. Tr. | 272 | 1138 | 23,2 | 19,7 | 0,8 | 0 | 0 |
| Limburger, 50 % F. i. Tr. | 316 | 1322 | 20,0 | 26,0 | 0,9 | 0 | 0 |
| Münster, 45 % F. i. Tr. | 295 | 1234 | 21,6 | 23,0 | 0,9 | 0 | 0 |
| Münster, 50 % F. i. Tr. | 316 | 1322 | 20,0 | 26,0 | 1,1 | 0 | 0 |
| Romadur, 20 % F. i. Tr. | 188 | 787 | 26,4 | 9,0 | 0,4 | 0 | 0 |
| Romadur, 40 % F. i. Tr. | 272 | 1138 | 23,2 | 19,7 | 0,8 | 0 | 0 |
| Romadur, 60 % F. i. Tr. | 382 | 1598 | 17,0 | 34,7 | 1,4 | 0 | 0 |
| Weichkäse, 60 % F. i. Tr. | 367 | 1536 | 16,8 | 33,2 | 1,3 | 0 | 0 |
| Weichkäse, 70 % F. i. Tr. | 414 | 1732 | 13,2 | 40,0 | 1,6 | 0 | 0 |
| Weinkäse, 20 % F. i. Tr. | 196 | 820 | 27,6 | 9,3 | 0,4 | 0 | 0 |

| Lebensmittel (pro 100 g verzehrbarer Anteil) | Kilokalorie (kcal) | Kilojoule (kJ) | Eiweiß g | Fett g | mehrfach ungesättigte Fettsäuren g | Kohlenhydrate g | Ballaststoffe g |
|---|---|---|---|---|---|---|---|
| Weinkäse, 45 % F. i. Tr. | 295 | 1236 | 21,6 | 23,0 | 0,9 | 0 | 0 |
| Weißlacker, 45 % F. i. Tr. | 294 | 1230 | 20,8 | 23,0 | 0,9 | 0 | 0 |
| Weißlacker, 50 % F. i. Tr. | 327 | 1368 | 20,0 | 27,0 | 1,1 | 0 | 0 |
| Ziegenkäse, 45 % F. i. Tr. | 281 | 1176 | 21,0 | 21,8 | 0,3 | 0 | 0 |
| Ziegenkäse, 60 % F. i. Tr. | 367 | 1535 | 16,8 | 33,2 | 0,9 | 0 | 0 |
| **Sauermilch- und Molkenkäse** | | | | | | | |
| Gjetost, 35 % F. i. Tr. | 454 | 1900 | 12,0 | 28,7 | 1,2 | 36,1 | 0 |
| Mainzer Handkäse, Korbkäse, Quargel, Harzer Käse, 2 % F. i. Tr. | 129 | 540 | 30,0 | 0,7 | + | 0 | 0 |
| **Schnittfester Schmelzkäse** | | | | | | | |
| Schmelzkäse, | | | | | | | |
| – mit 20 % F. i. Tr. | 222 | 929 | 27,0 | 12,0 | 0,5 | 1,0 | 0 |
| – mit 30 % F. i. Tr. | 219 | 916 | 14,8 | 13,6 | 0,5 | 8,9 | 0 |
| – mit 45% F.i.Tr. | 298 | 1247 | 20,0 | 24,0 | 1,0 | 0 | 0 |
| – mit 50 % F. i. Tr. | 347 | 1452 | 17,0 | 29,0 | 1,2 | 4,0 | 0 |
| – geräuchert | 308 | 1289 | 16,6 | 24,0 | 1,0 | 5,9 | 0 |
| **Streichfähiger Schmelzkäse** | | | | | | | |
| Käseecke, 20 % F. i. Tr. | 190 | 795 | 17,0 | 10,0 | 0,4 | 7,5 | 0 |
| Käseecke, 30 % F. i. Tr. | 211 | 883 | 15,0 | 14,0 | 0,6 | 5,7 | 0 |
| Käseecke, 40 % F. i. Tr. | 253 | 1059 | 15,0 | 19,0 | 0,8 | 5,0 | 0 |
| Käseecke, 45 % F. i. Tr. | 290 | 1213 | 15,7 | 22,3 | 0,9 | 6,3 | 0 |
| Käseecke, 50 % F. i. Tr. | 321 | 1343 | 12,0 | 27,2 | 1,1 | 6,7 | 0 |
| Käseecke 60 % F. i. Tr. | 340 | 1423 | 10,3 | 31,5 | 1,3 | 3,4 | 0 |
| Kochkäse, 10 % F. i. Tr. | 103 | 431 | 14,7 | 3,0 | 0,1 | 3,8 | 0 |
| Kochkäse 20 % F. i. Tr. | 125 | 523 | 13,8 | 5,9 | 0,2 | 3,7 | 0 |

**Zeichenerklärung:**

– keine Daten verfügbar

\+ in Spuren

# Fleisch, Fleischerzeugnisse und Fleischdelikatessen

Gutes Fleisch kann der Verbraucher an der Farbe, dem Fett und der Konsistenz erkennen. Die Farbe des Fleisches ist bei jungen Tieren heller als bei älteren.

## Gesundheitsnutzen: Eiweiß- und Eisenlieferant

Die Wert gebenden Bestandteile des Fleisches sind sein hoher Gehalt an hochwertigem Eiweiß und an B-Vitaminen. Das Fleischfett ist dagegen wegen seines beachtlichen Gehalts an Cholesterin und gesättigten Fettsäuren eher unerwünscht. Verzehren Sie Fleisch deshalb nicht in zu großen Mengen.

Menschen mit (Neigung zu) Gicht sollten wegen des hohen Puringehalts auf Innereien verzichten.

Wurst ist ein Fleischerzeugnis, das aus zerkleinertem Fleisch, Fettgewebe, Zusatzstoffen und Gewürzen besteht.

Bei der Wurstherstellung werden selten die besten Fleischteile verwendet. Ferner enthalten Würste größere Mengen an Hilfsstoffen wie Umröte- und Konservierungsstoffe, Antioxidantien, Geschmacksverstärker oder Kutterhilfsmittel. Nicht alle diese Zusatzstoffe müssen gekennzeichnet werden.

**Achtung Kalorienfalle: Wurst**

In kaum einem Lebensmittel lässt sich Fett so gut verstecken wie in der Wurst. Der Fettgehalt ist für den Verbraucher äußerlich kaum erkennbar. Den höchsten Fettgehalt haben in der Regel Dauer- und Streichwürste.

Es gibt ferner keine Kennzeichnungspflicht für den Fettgehalt einer Wurst. Aufgrund einer freiwilligen Vereinbarung tragen abgepackte Wurstwaren eine Angabe der Fettgehaltsstufe. Auch in Metzgereien informieren oft Tafeln über den Fettgehalt der angebotenen Wurstsorten.

Ein hoher Anteil an Bindegewebseiweiß macht das Wursteiweiß zudem minderwertig. Aus Fleisch und Wurst lassen sich ferner Fleischfeinkosterzeugnisse wie z. B. Aspikwaren, Sülzen, Pasteten, Feinkostsalate und Fertiggerichte herstellen.

## Tipps für Einkauf und Ernährung

**1**
Kaufen Sie fettarme Fleischstücke (Schnitzel, Lende, Filet). Beim Schweinefleisch enthalten die mageren Anteile nur 4 Prozent Fett, die fetten dagegen 46 Prozent. Das Fleisch junger Kälber ist fast fettfrei.

**2**
Fleischfeinkosterzeugnisse sind durch fetthaltige Soßen und Tunken oft recht kalorienreich. Lesen Sie die Packungsangaben genau!

**3**
Die Seuche Rinderwahnsinn (BSE) verunsichert viele Verbraucher. Hirn- und Nervengewebe, Innereien, Bries und stark mit Nervengewebe durchsetzte Fleischstücke sowie daraus hergestellte Produkte wie z. B. Lungenwurst, Hirnwurst, Briespastete, Markklößchen sind gefährliche Rindfleischprodukte für eine mögliche Übertragung auf den Menschen.

| Lebensmittel (pro 100 g verzehrbarer Anteil) | Kilokalorie (kcal) | Kilojoule (kJ) | Eiweiß g | Fett g | mehrfach ungesättigte Fettsäuren g | Kohlenhydrate g | Ballaststoffe g |
|---|---|---|---|---|---|---|---|
| **1. Fleisch** | | | | | | | |
| **Schweinefleisch** | | | | | | | |
| Backe | 539 | 2255 | 9,9 | 55,5 | + | + | 0 |
| Bauch, durchwachsen | 324 | 1356 | 14,0 | 29,0 | + | + | 0 |
| Bug (Schulter) | 271 | 1134 | 17,0 | 22,5 | + | + | 0 |
| Eisbein (Hinterhaxe) | 186 | 778 | 19,0 | 12,2 | + | + | 0 |
| Filet (Lende) | 106 | 444 | 21,5 | 2,0 | + | + | 0 |
| Hack | 271 | 1134 | 17,0 | 22,5 | + | + | 0 |
| Kasseler (gepök. Nacken) | 237 | 992 | 20,9 | 17,0 | – | + | 0 |
| Kamm | 197 | 824 | 16,7 | 13,8 | + | + | 0 |
| Keule (Schlegel, Hinterschinken) | 274 | 1146 | 16,9 | 22,9 | + | + | 0 |
| Kopf | 324 | 1356 | 15,6 | 29,1 | + | + | 0 |
| Kotelett | 150 | 628 | 20,3 | 7,6 | + | + | 0 |
| Mett | 318 | 1331 | 17,5 | 27,5 | – | + | 0 |
| Muskelfleisch ohne Fett | 105 | 439 | 22,0 | 1,9 | + | + | 0 |
| Rückenspeck, frisch | 759 | 3176 | 4,1 | 82,5 | + | + | 0 |
| Schnitzel (Oberschale) | 106 | 444 | 22,2 | 1,9 | + | + | 0 |
| Speck (Flomen) | 854 | 3573 | 1,2 | 94,4 | – | + | 0 |
| Herz | 87 | 364 | 15,9 | 2,1 | 0,9 | 1,6 | 0 |
| Leber | 133 | 556 | 20,4 | 4,5 | 1,1 | 0,5 | 0 |
| Niere | 96 | 402 | 16,0 | 3,2 | – | 0,8 | 0 |
| Zunge | 207 | 866 | 13,7 | 15,7 | – | 0,5 | 0 |
| **Rindfleisch** | | | | | | | |
| Corned beef (deutsch) | 141 | 590 | 21,7 | 6,0 | – | 0 | 0 |
| Filet | 121 | 506 | 21,2 | 4,0 | 0,1 | + | 0 |
| Hackfleisch (Rinderhack) | 216 | 904 | 22,5 | 14,0 | – | + | 0 |
| Hochrippe (Rostbraten) | 161 | 674 | 20,2 | 8,9 | 0,3 | + | 0 |
| Kamm (Hals) | 150 | 628 | 19,3 | 8,1 | 0,3 | + | 0 |
| Keule (Schlegel, i. D.) | 148 | 619 | 21,0 | 7,1 | 0,2 | + | 0 |
| Lende (Roastbeef) | 130 | 544 | 22,4 | 4,5 | 0,2 | + | 0 |
| Luncheon meat (Frühstücksfl.) | 294 | 1230 | 14,7 | 25,4 | – | 1,6 | 0 |
| Muskelfleisch, ohne Fett | 105 | 439 | 21,3 | 1,7 | 0,1 | 1,1 | 0 |
| Ochsenschwanz | 184 | 770 | 20,1 | 11,5 | – | + | 0 |

| Lebensmittel (pro 100 g verzehrbarer Anteil) | Kilokalorie (kcal) | Kilojoule (kJ) | Eiweiß g | Fett g | mehrfach ungesättigte Fettsäuren g | Kohlenhydrate g | Ballaststoffe g |
|---|---|---|---|---|---|---|---|
| Rindfleisch in Dosen (i. D.) | 196 | 820 | 18,5 | 13,6 | – | + | 0 |
| Roulade (Keule, mager) | 116 | 485 | 21,6 | 3,2 | + | + | 0 |
| Schabefleisch (Tatar) | 112 | 469 | 21,2 | 3,0 | – | + | 0 |
| Schulter (Blatt, Bug) | 153 | 640 | 18,4 | 8,8 | + | + | 0 |
| Suppenfleisch (Brust) | 244 | 1021 | 22,0 | 17,0 | + | + | 0 |
| Tafelspitz (Keule) | 184 | 770 | 18,4 | 12,0 | + | + | 0 |
| Herz | 124 | 519 | 16,8 | 6,0 | 0,2 | 0,6 | 0 |
| Hirn | 130 | 544 | 10,4 | 9,6 | – | 0,4 | 0 |
| Leber | 121 | 506 | 20,3 | 2,1 | 0,7 | 5,3 | 0 |
| Lunge | 99 | 414 | 18,1 | 2,9 | – | + | 0 |
| Niere | 116 | 485 | 16,6 | 5,1 | 0,1 | 0,9 | 0 |
| Zunge | 209 | 874 | 16,0 | 15,9 | 0,2 | 0,4 | 0 |
| **Kalbfleisch** | | | | | | | |
| Braten i. D. | 112 | 469 | 21,1 | 3,1 | + | + | 0 |
| Brust | 131 | 548 | 18,6 | 6,3 | – | + | 0 |
| Filet | 95 | 397 | 20,6 | 1,4 | – | + | 0 |
| Haxe | 98 | 410 | 20,9 | 1,6 | – | + | 0 |
| Keule (Schlegel) | 97 | 406 | 20,7 | 1,6 | 0,1 | + | 0 |
| Kotelett | 112 | 469 | 21,1 | 3,1 | 0,2 | + | 0 |
| Muskelfleisch, ohne Fett | 95 | 397 | 21,9 | 0,8 | 0,3 | + | 0 |
| Schnitzel | 99 | 414 | 20,7 | 1,8 | – | + | 0 |
| Bries | 99 | 414 | 17,2 | 3,4 | – | 0 | 0 |
| Herz | 114 | 477 | 15,9 | 5,1 | 0,3 | 1,0 | 0 |
| Hirn | 111 | 464 | 10,1 | 7,6 | 0,3 | 0,5 | 0 |
| Leber | 130 | 544 | 19,2 | 4,1 | 0,6 | 4,0 | 0 |
| Lunge | 90 | 377 | 17,5 | 2,2 | + | + | 0 |
| Niere | 128 | 536 | 16,7 | 6,4 | 0,1 | 0,8 | 0 |
| Zunge | 128 | 536 | 17,1 | 6,2 | – | 0,9 | 0 |
| **Lamm- und Hammelfleisch** | | | | | | | |
| Brust | 381 | 1594 | 12,0 | 37,0 | – | + | 0 |
| Filet | 112 | 467 | 20,4 | 3,4 | 0,1 | + | 0 |
| Keule (Schlegel) | 234 | 979 | 18,0 | 18,0 | 0,8 | + | 0 |
| Kotelett | 348 | 1456 | 14,9 | 32,0 | 0,7 | + | 0 |
| Lende | 194 | 812 | 18,7 | 13,2 | – | + | 0 |

| Lebensmittel (pro 100 g verzehrbarer Anteil) | Kilokalorie (kcal) | Kilojoule (kJ) | Eiweiß g | Fett g | mehrfach ungesättigte Fettsäuren g | Kohlenhydrate g | Ballaststoffe g |
|---|---|---|---|---|---|---|---|
| Muskelfleisch ohne Fett | 112 | 467 | 20,4 | 3,4 | 0,1 | + | 0 |
| Schnitzel | 131 | 548 | 19,1 | 6,1 | 0,2 | + | 0 |
| Herz | 158 | 661 | 16,8 | 10,0 | 0,4 | 0,2 | 0 |
| Hirn | 128 | 536 | 10,9 | 9,1 | – | 0,6 | 0 |
| Leber | 133 | 556 | 21,2 | 4,0 | – | 3,0 | 0 |
| Lunge | 95 | 397 | 18,4 | 2,3 | – | 0,2 | 0 |
| Zunge | 194 | 812 | 13,5 | 14,8 | – | 1,7 | 0 |

## 2. Fleischerzeugnisse und Wurst

### Fleischbrühen und Fleischextrakte

| | | | | | | | |
|---|---|---|---|---|---|---|---|
| Bouillon, Rinds-, Instant, | | | | | | | |
| – Trockenprodukt | 150 | 628 | 20,0 | 10,0 | – | + | – |
| Bouillon, Rinds-, verzehrfertig | 3 | 14 | 0,4 | 0,2 | – | + | – |
| Fette Brühe, Trockenprodukt | 351 | 1469 | 22,0 | 26,5 | – | 6,0 | 0 |
| Fleischextrakt, konzentriert | 247 | 1033 | 56,6 | 0,9 | – | 3,0 | 0 |
| Fleischbrühe, verzehrfertig | 14 | 59 | 0,8 | 0,8 | – | 0,8 | 0 |
| Fleischbrühe, | | | | | | | |
| – Trockenprodukt | 700 | 2929 | 40,0 | 40,0 | – | 40,0 | 0 |
| Fleischsuppe, Klare, | | | | | | | |
| – verzehrfertig | 6 | 25 | 0,4 | 0,4 | – | 0,3 | 0 |
| Gekörnte Brühe, | | | | | | | |
| – verzehrfertig | 4 | 17 | 0,5 | 0,2 | – | 0,1 | 0 |
| Gekörnte Brühe, | | | | | | | |
| – Trockenprodukt | 193 | 808 | 24,0 | 8,5 | – | 5,0 | 0 |
| Hühnersuppe, verzehrfertig | 6 | 25 | 0,3 | 0,2 | – | 0,6 | 0 |
| Hühnersuppe, | | | | | | | |
| – Trockenprodukt | 293 | 1226 | 13,8 | 12,2 | – | 32,1 | 0 |
| Klare Brühe, verzehrfertig | 5 | 21 | 0,5 | 0,2 | – | 0,2 | 0 |
| Klare Brühe, Trockenprodukt | 242 | 1013 | 23,5 | 12,0 | – | 10,0 | 0 |

### Wurst- und Fleischwaren

| | | | | | | | |
|---|---|---|---|---|---|---|---|
| Bierschinken | 169 | 707 | 16,6 | 11,4 | – | + | 0 |
| Bierschinken, Truthahn- | 200 | 837 | 10,0 | 16,0 | – | 4 | 0 |

| Lebensmittel (pro 100 g verzehrbarer Anteil) | Kilokalorie (kcal) | Kilojoule (kJ) | Eiweiß g | Fett g | mehrfach ungesättigte Fettsäuren g | Kohlenhydrate g | Ballaststoffe g |
|---|---|---|---|---|---|---|---|
| Bockwurst | 277 | 1159 | 12,3 | 25,3 | – | + | 0 |
| Blutwurst | 301 | 1259 | 10,0 | 29,0 | – | + | 0 |
| Bratwurst, Kalbs- | 266 | 1113 | 10,3 | 25,0 | – | + | 0 |
| Bratwurst, Schweins- | 298 | 1247 | 9,8 | 28,8 | 3,5 | + | 0 |
| Brühwurst-Aufschnitt, | | | | | | | |
| – fettreduziert | 190 | 795 | 15,0 | 14,0 | – | 1,0 | 0 |
| Bündner Fleisch | 128 | 536 | 17,0 | 6,0 | – | + | 0 |
| Cervelatwurst | 394 | 1649 | 20,3 | 34,8 | 4,0 | + | 0 |
| Cervelatwurst, fettreduziert | 300 | 1255 | 20,0 | 24,0 | – | 1,0 | 0 |
| Cervelatwurst, leicht | 275 | 1151 | 20,0 | 21,0 | – | + | 0 |
| Corned beef, amerikanisch | 209 | 875 | 25,0 | 12,0 | – | + | 0 |
| Currywurst | 300 | 1255 | 11,9 | 28,0 | – | + | 0 |
| Dosenwürstchen | 228 | 954 | 13,0 | 19,6 | – | + | 0 |
| Fleischkäse (Leberkäse) | 297 | 1243 | 12,4 | 27,5 | 2,0 | + | 0 |
| Fleischwurst (Lyoner) | 296 | 1239 | 9,9 | 28,5 | 3,0 | + | 0 |
| Fleischwurst, fettreduziert | 195 | 816 | 14,0 | 15,0 | – | 1,0 | 0 |
| Fleischwurst, Kalbs- | 320 | 1339 | 13,0 | 30,0 | – | + | 0 |
| Fleischrotwurst, leicht | 180 | 753 | 17,0 | 12,0 | – | 1,0 | 0 |
| Frankfurter Würstchen | 272 | 1138 | 13,1 | 24,4 | 2,0 | + | 0 |
| Geflügel-Schinkenwurst | 173 | 724 | 13,0 | 13,0 | – | 1,0 | 0 |
| Geflügelsülze mit Curry | 73 | 305 | 15,0 | 1,0 | – | 1,0 | + |
| Geflügelmortadella | 191 | 799 | 13,0 | 15,0 | – | 1,0 | 0 |
| Geflügelwurst, mager | 108 | 452 | 16,2 | 4,8 | – | + | 0 |
| Geflügel-Fleischpastete | 139 | 582 | 7,0 | 18,0 | – | 1,0 | 0 |
| Gelbwurst | 281 | 1176 | 9,6 | 26,9 | – | + | 0 |
| Hackfleisch, halb und halb | 260 | 1088 | 20,0 | 20,0 | 1,3 | + | 0 |
| Jagdwurst | 205 | 858 | 14,8 | 25,0 | – | + | 0 |
| Kabanossi | 394 | 1649 | 20,3 | 34,8 | – | + | 0 |
| Katenrauchwurst, leicht | 275 | 1151 | 20,0 | 21,0 | – | 1,5 | 0 |
| Knackwurst | 300 | 1255 | 11,9 | 28,0 | – | + | 0 |
| Krakauer | 264 | 1105 | 14,0 | 23,0 | – | + | 0 |
| Lachsschinken | 156 | 653 | 20,0 | 7,0 | – | + | 0 |
| Landleberwurst, | | | | | | | |
| – fettreduziert | 280 | 1172 | 14,0 | 24,0 | – | 2,0 | 0 |
| Leberpastete | 314 | 1314 | 14,2 | 28,6 | – | + | 0 |
| Leberwurst, grob | 328 | 1372 | 15,9 | 29,2 | – | + | 0 |

TopVital

| Lebensmittel (pro 100 g verzehrbarer Anteil) | Kilokalorie (kcal) | Kilojoule (kJ) | Eiweiß g | Fett g | mehrfach ungesättigte Fettsäuren g | Kohlenhydrate g | Ballaststoffe g |
|---|---|---|---|---|---|---|---|
| Leberwurst, Kalbs-, – fettreduziert | 260 | 1088 | 15,0 | 21,0 | – | 2,0 | 0 |
| Leberwurst, Kalbs-, – fein, leicht | 245 | 1025 | 17,0 | 19,0 | – | 1,5 | 0 |
| Leberwurst, Kalbs-, – grob, leicht | 227 | 950 | 17,0 | 17,0 | – | 1,5 | 0 |
| Leberwurst, Pfälzer, – fettreduziert | 253 | 1059 | 14,0 | 21,0 | – | 2,0 | 0 |
| Leberwurst, mager | 257 | 1075 | 17,0 | 21,0 | – | + | 0 |
| Mettwurst, Bauern-, – fettreduziert | 253 | 1059 | 14,0 | 21,0 | – | 2,0 | 0 |
| Mettwurst, Braunschweiger | 390 | 1632 | 13,9 | 37,2 | 2,0 | + | 0 |
| Mettwurst | 352 | 1473 | 14,0 | 33,0 | – | + | 0 |
| Mortadella | 345 | 1443 | 12,4 | 32,8 | 3,0 | + | 0 |
| Putenbrustsülze – mit Champignons | 82 | 343 | 15,0 | 2,0 | – | 1,0 | 0 |
| Puten-Cocktailsülze | 95 | 397 | 15,0 | 3,0 | – | 2,0 | + |
| Rindersaftschinken, – gekocht/geräuchert | 106 | 444 | 21,0 | 2,0 | – | 1,0 | 0 |
| – in Aspik | 77 | 322 | 15,0 | 1,0 | – | 2,0 | + |
| – in Aspik mit Champignons | 73 | 305 | 15,0 | 1,0 | – | 1,0 | + |
| Rotwurst (Blutwurst) | 301 | 1259 | 10,0 | 29,0 | 4,0 | + | 0 |
| Rotwurst, Thüringer | 241 | 1008 | 21,0 | 17,0 | – | 1,0 | 0 |
| Salami | 371 | 1552 | 18,5 | 33,0 | 5,0 | + | 0 |
| Salami, leicht | 275 | 1151 | 20,0 | 21,0 | – | 1,5 | 0 |
| Salami, fettreduziert | 310 | 297 | 22,0 | 24,0 | – | 1,0 | 0 |
| Salami, Rinds- | 232 | 971 | 21,0 | 16,0 | – | + | 0 |
| Schinken, gekocht, | 150 | 628 | 29,7 | 2,9 | 0,3 | + | 0 |
| Schinken, gekocht, i. D., – ohne Fettrand | 193 | 808 | 19,5 | 12,8 | 1,2 | + | 0 |
| Schinken, roh, geräuchert | 383 | 1603 | 16,9 | 35,0 | 2,8 | + | 0 |
| Schinkenspeck, | 402 | 1682 | 15,0 | 36,0 | – | + | 0 |
| Schinkensülze – mit Mixed Pickles | 95 | 397 | 16,0 | 3,0 | – | 1,0 | – |
| Schinkenwurst-Aufschnitt, – fettreduziert | 200 | 837 | 15,0 | 14,0 | – | 1,0 | 0 |

| Lebensmittel (pro 100 g verzehrbarer Anteil) | Kilokalorie (kcal) | Kilojoule (kJ) | Eiweiß g | Fett g | mehrfach ungesättigte Fettsäuren g | Kohlenhydrate g | Ballaststoffe g |
|---|---|---|---|---|---|---|---|
| Schinkenwurst, leicht | 275 | 1151 | 20,0 | 21,0 | – | 1,5 | 0 |
| Schinkenwurst – mit Zusätzen* | 169 | 707 | 16,6 | 11,4 | – | + | + |
| Schinkenwurst, Truthahn- | 195 | 816 | 15,0 | 14,0 | – | 1,0 | 0 |
| Speck, durchwachsen, – geräuchert | 621 | 2598 | 9,1 | 65,0 | 6,6 | + | 0 |
| Teewurst | 366 | 1531 | 14,0 | 35,0 | – | + | 0 |
| Teewurst, fettreduziert | 310 | 1297 | 15,0 | 27,0 | – | 1,0 | 0 |
| Weißwurst, Münchner | 287 | 1201 | 11,1 | 27,0 | – | + | 0 |
| Wiener Würstchen | 296 | 1239 | 10,2 | 28,3 | – | + | 0 |
| Wiener Würstchen, – fettreduziert | 195 | 816 | 14,0 | 15,0 | – | 1,0 | 0 |

**Zeichenerklärung:**

– keine Daten verfügbar

\+ in Spuren

i. D. im Durchschnitt

* Viele Wurstwaren sind mit Zusätzen wie Paprika, Champignons, Pistazien, Kräutern etc. im Handel. Die Nährwerte unterscheiden sich nicht wesentlich.

# Geflügel und Wild

Geflügel hat seit Jahrhunderten einen festen Platz auf dem Speiseplan. Zum Geflügel zählen z. B. Hähnchen, Truthahn und -henne, Ente und Gans.

Auch Wildfleisch ist aufgrund seines charakteristischen Geschmacks und seines geringen Fettgehalts sehr beliebt.

## Gesundheitsnutzen: kalorienarme Eiweißquelle

Wild ist feinfaseriger und fester als anderes Fleisch, dazu leicht verdaulich und bekömmlich. Sein ernährungsphysiologischer Wert entspricht dem der übrigen Fleischarten. Da Wild sehr anfällig für Salmonellen ist, muss es stets kühl aufbewahrt werden. Seit dem Reaktorunfall in Tschernobyl ist Wild teilweise immer noch mit radioaktivem Cäsium-137 belastet.

Geflügelfleisch ist ebenfalls zarter und fettärmer als das anderer Tiere. Da das Fett einen hohen Anteil an ungesättigten Fettsäuren enthält, ist es ernährungsphysiologisch sogar günstiger als Schweine- oder Rinderfett.

## Tipps für Einkauf und Ernährung

1
Geflügelfleisch eignet sich ideal für eine kalorienarme Ernährung. Sehr kalorienarm ist das Brustfleisch. Am fettärmsten ist das Fleisch von Truthahn, Ente und Fasan.

2
Wildfleisch enthält nur halb so viel Kalorien wie entsprechende Fleischstücke von Rind und Schwein. Es ist daher eine gute Möglichkeit zur Einsparung von Kalorien.

3
Wer auf Wurst nicht verzichten möchte, sollte Geflügelwürste wählen.

4
Achten Sie bei Geflügelfeinkosterzeugnissen auf versteckte Fette in Form von anderen Tierfetten oder fetthaltigen Soßen.

| Lebensmittel (pro 100 g verzehrbarer Anteil) | Kilokalorie (kcal) | Kilojoule (kJ) | Eiweiß g | Fett g | mehrfach ungesättigte Fettsäuren g | Kohlenhydrate g | Ballaststoffe g |
|---|---|---|---|---|---|---|---|
| **Geflügel** | | | | | | | |
| Ente i. D. | 227 | 950 | 18,1 | 17,2 | 3,1 | + | 0 |
| Gans i. D. | 342 | 1431 | 15,7 | 31,0 | 4,4 | + | 0 |
| Huhn, Brathähnchen | 166 | 695 | 19,9 | 9,6 | 2,5 | + | 0 |
| Hähnchenbrust mit Haut | 145 | 607 | 22,2 | 6,2 | 1,9 | + | 0 |
| Hähnchenkeule mit Haut | 174 | 728 | 18,2 | 11,2 | 2,6 | + | 0 |
| Huhn, Suppenhuhn | 257 | 1075 | 18,5 | 20,3 | 5,6 | + | 0 |
| Hühnerherz | 124 | 519 | 17,3 | 5,3 | – | 1,8 | 0 |
| Hühnerleber | 136 | 569 | 22,1 | 4,7 | – | 1,2 | 0 |
| Maiskorn-Hähnchen | 151 | 632 | 22,0 | 7,0 | – | + | 0 |
| Puter, ausgewachsen, i. D. | 212 | 887 | 19,2 | 15,0 | 4,4 | + | 0 |
| Putenbrust ohne Haut | 105 | 439 | 24,1 | 1,0 | 0,2 | + | 0 |
| Putenkeule ohne Haut | 114 | 477 | 20,5 | 3,6 | 0,9 | + | 0 |
| Puter, jung, i. D. | 151 | 632 | 22,4 | 6,8 | 2,4 | + | 0 |
| Putenherz | 118 | 494 | 16,0 | 6,0 | – | + | 0 |
| Putenleber | 111 | 464 | 21,0 | 3,0 | – | * | 0 |
| Stubenküken | 116 | 485 | 20,0 | 4,0 | – | + | 0 |
| **Wild/Wildgeflügel** | | | | | | | |
| Fasan | 169 | 707 | 22,0 | 9,0 | – | + | 0 |
| Flugente | 227 | 950 | 18,0 | 17,0 | – | + | 0 |
| Hase | 113 | 473 | 21,6 | 3,0 | 0,1 | + | 0 |
| Hirsch | 112 | 469 | 20,6 | 3,3 | – | + | 0 |
| Kaninchen i. D. | 152 | 636 | 20,8 | 7,6 | 1,5 | + | 0 |
| Kaninchenkeule | 115 | 481 | 22,0 | 3,0 | – | + | 0 |
| Perlhuhn | 145 | 607 | 20,0 | 7,0 | – | + | 0 |
| Reh, Keule (Schlegel) | 97 | 406 | 21,4 | 1,3 | – | + | 0 |
| – Rücken | 122 | 510 | 22,4 | 3,6 | 0,1 | + | 0 |
| Taube | 226 | 945 | 16,0 | 18,0 | – | + | 0 |
| Wildschwein, Keule | 109 | 456 | 20,0 | 3,0 | – | + | 0 |

**Zeichenerklärung:**

– keine Daten verfügbar

\+ in Spuren

i. D. im Durchschnitt

# Fisch, Fischerzeugnisse und Fischdelikatessen

Fisch und Fischerzeugnisse zählen zu den wertvollsten Lebensmitteln. Im Vergleich zu anderen Nahrungsmitteln sind selbst fettreiche Arten kalorienarm und gesund. Fisch sollte deshalb öfter gegessen werden.

## Gesundheitsnutzen: Schutz für das Herz

Die Kombination aus biologisch hochwertigem Eiweiß und – im Vergleich zu warmblütigen Tieren – geringerem Fettgehalt ist günstig. Viele Fische enthalten praktisch kein Fett, andere dagegen relativ viel. Im Fischfett dominieren langkettige und mehrfach ungesättigten Fettsäuren, die so genannten Omega-3-Fettsäuren. Sie wirken sich günstig auf die Herzgesundheit aus und dämpfen entzündliche Prozesse im Körper. Kohlenhydrate fehlen beim Fisch fast immer, weshalb er auch für Diabetiker günstig ist.

Bedeutende Mineralstoffe im Fisch sind Jod, Phosphor, Fluor und Kalium. Im Fischfett und insbesondere im Fischleberöl sind die Vitamine A und D enthalten, Magerfische enthalten vorwiegend B-Vitamine.

Fisch enthält aber auch Schadstoffe, insbesondere Umweltchemikalien wie Quecksilber und Pestizide.

Bevorzugen Sie daher Hochseefische, und essen Sie die Fischhaut nicht mit.

Fischerzeugnisse und Fischdelikatessen sind bearbeitete Produkte wie eingelegte Fische, Fisch in Aufguss oder Mayonnaise, Fischkonserven, Aspikwaren. Sie enthalten oft größere Mengen an Zusatzstoffen wie Farb- und Konservierungsstoffe. Beachten Sie deshalb die Zutatenliste.

## Tipps für Einkauf und Ernährung

**1**

Achten Sie bei der Zubereitung von Fisch darauf, dass Sie aus der kalorienarmen Nahrung keine Kalorienbombe machen, z. B. durch Braten in viel Fett, Panieren, Servieren mit fettreichen Soßen. Günstig sind das Garen im eigenen Sud und das Grillen in der Folie.

**2**

Fischerzeugnisse sind durch stark fetthaltige Tunken und Cremes, Mayonnaisen und Remouladen sowie durch Aufgussöle oft sehr kalorienreich. In der Regel ist der Kaloriengehalt auf der Packung angegeben.

**3**

Hüten Sie sich vor verdorbenem oder zu lange gelagertem Fisch (insbesondere Makrelen und roter Tunfisch), gerade wenn Sie Allergiker oder Hypertoniker sind. In solchen Produkten bilden sich erhöhte Gehalte an Histamin (siehe Kapitel »Käse«). Beachten Sie hierbei, dass die Haltbarkeitsdaten meist sehr großzügig angegeben sind. Bei einer verbleibenden Haltbarkeitsdauer von weniger als 14 Tagen kann man nicht mehr mit bester Qualität rechnen. Vorsicht auch bei Tiefkühlprodukten mit starker Eiskristallschicht, bräunlicher Verfärbung und Frostbrand. Sie sind zumeist verdorben.

**4**

Verwechseln Sie nicht Fischöl mit Dorschleberöl. Während sich in Fischöl reichlich Omega-3-Fettsäuren befinden, enthält Dorschleberöl nur wenig davon, dafür aber sehr reichlich die Vitamine A und D. Eine Überdosierung ist möglich.

| Lebensmittel (pro 100 g verzehrbarer Anteil) | Kilokalorie (kcal) | Kilojoule (kJ) | Eiweiß g | Fett g | mehrfach ungesättigte Fettsäuren g | Kohlenhydrate g | Ballaststoffe g |
|---|---|---|---|---|---|---|---|
| **Süßwasserfische** | | | | | | | |
| Aal, Flussaal | 281 | 1176 | 15,0 | 24,5 | 3,2 | + | 0 |
| Barsch, Flussbarsch | 81 | 339 | 18,4 | 0,8 | 0,1 | + | 0 |
| Brasse (Brachse) | 116 | 485 | 16,6 | 5,5 | 1,6 | + | 0 |
| Felchen (Renke) | 100 | 418 | 17,8 | 3,2 | 1,0 | + | 0 |
| Forelle (Bachforelle) | 102 | 427 | 19,5 | 2,7 | 1,0 | + | 0 |
| Hecht | 82 | 343 | 18,4 | 0,9 | 0,4 | + | 0 |
| Karpfen | 115 | 481 | 18,0 | 4,8 | 1,1 | + | 0 |
| Lachs | 202 | 845 | 19,9 | 13,6 | 5,3 | + | 0 |
| Schleie | 77 | 322 | 17,7 | 0,7 | – | + | 0 |
| Waller (Wels) | 163 | 682 | 15,3 | 11,3 | – | + | 0 |
| Zander | 83 | 347 | 19,2 | 0,7 | 0,2 | + | 0 |
| **Seefische** | | | | | | | |
| Flunder | 72 | 301 | 16,5 | 0,7 | – | + | 0 |
| Heilbutt | 101 | 423 | 20,1 | 2,3 | 1,0 | + | 0 |
| Hering | 236 | 987 | 8,2 | 17,8 | 4,2 | + | 0 |
| Heringsfilet | 207 | 866 | 18,0 | 15,0 | 4,1 | + | 0 |
| Hering, Ostsee- | 155 | 649 | 18,1 | 9,2 | 2,3 | + | 0 |
| Kabeljau (Dorsch) | 73 | 305 | 17,4 | 0,4 | 0,2 | + | 0 |
| Kabeljaufilet | 68 | 285 | 17,0 | + | + | + | 0 |
| Katfisch (Steinbeißer) | 88 | 368 | 15,8 | 2,8 | – | + | 0 |
| Lengfisch | 81 | 339 | 19,0 | 0,6 | – | + | 0 |
| Makrele | 180 | 753 | 18,8 | 11,6 | 2,4 | + | 0 |
| Meeräsche | 120 | 502 | 20,4 | 4,3 | – | + | 0 |
| Rotbarsch (Goldbarsch) | 105 | 439 | 18,2 | 3,6 | 0,9 | + | 0 |
| Rotzunge | 72 | 301 | 15,5 | 1,1 | – | + | 0 |
| Sardelle | 101 | 423 | 20,1 | 2,3 | – | + | 0 |
| Sardine | 124 | 519 | 19,4 | 5,2 | 1,6 | + | 0 |
| Schellfisch | 77 | 322 | 17,9 | 0,6 | 0,2 | + | 0 |
| Scholle | 86 | 360 | 17,1 | 1,9 | – | + | 0 |
| Schwertfisch | 117 | 490 | 19,4 | 4,4 | – | + | 0 |
| Seehecht | 91 | 381 | 17,2 | 2,5 | 0,8 | + | 0 |
| Seelachs (Köhler) | 80 | 335 | 18,3 | 0,8 | 0,2 | + | 0 |
| Seezunge | 83 | 347 | 17,5 | 1,4 | 0,3 | + | 0 |
| Sprotte | 216 | 904 | 16,7 | 16,6 | – | + | 0 |

| Lebensmittel (pro 100 g verzehrbarer Anteil) | Kilokalorie (kcal) | Kilojoule (kJ) | Eiweiß g | Fett g | mehrfach ungesättigte Fettsäuren g | Kohlenhydrate g | Ballaststoffe g |
|---|---|---|---|---|---|---|---|
| Steinbutt | 82 | 343 | 16,7 | 1,7 | – | + | 0 |
| Tunfisch | 226 | 946 | 21,5 | 15,5 | 4,6 | + | 0 |
| **Fischerzeugnisse** | | | | | | | |
| Aal, geräuchert | 329 | 1377 | 17,9 | 28,6 | 3,3 | + | 0 |
| Bismarckhering | 210 | 879 | 16,5 | 16,0 | 3,5 | + | 0 |
| Brathering | 204 | 854 | 16,8 | 15,2 | – | + | 0 |
| Bückling | 224 | 937 | 21,2 | 15,5 | 4,7 | + | 0 |
| Flunder, geräuchert | 110 | 461 | 23,3 | 1,9 | – | + | 0 |
| Forelle, geräuchert | 130 | 544 | 24,8 | 3,4 | – | + | 0 |
| Hering in Gelee | 164 | 686 | 12,7 | 12,6 | – | + | 0 |
| Hering in Tomatensauce | 204 | 855 | 14,8 | 15,0 | – | 2,4 | 0 |
| Heringsmilch | 109 | 456 | 20,9 | 2,8 | – | – | 0 |
| Heringsrogen | 132 | 552 | 26,0 | 3,1 | – | - | 0 |
| Katfisch, geräuchert | 124 | 519 | 23,0 | 3,6 | – | + | 0 |
| Kaviar, Echter russischer | 244 | 1021 | 26,1 | 15,5 | – | + | 0 |
| Kaviarersatz | 115 | 481 | 14,0 | 6,5 | – | + | 0 |
| Krabben (Shrimps, Dose) | 92 | 385 | 17,4 | 2,5 | – | + | 0 |
| Krebsfleisch (Dose) | 87 | 364 | 18,0 | 1,7 | – | + | 0 |
| Lachs, geräuchert | 315 | 1318 | 28,5 | 19,4 | 0,2 | + | 0 |
| Lachs in Öl (Glas) | 271 | 1134 | 16,4 | 22,8 | – | + | 0 |
| Lachsersatz in Öl | 150 | 628 | 19,5 | 8,0 | – | + | 0 |
| Makrele, geräuchert | 222 | 929 | 20,7 | 15,5 | – | + | 0 |
| Matjeshering | 267 | 1117 | 16,0 | 22,6 | 5,0 | + | 0 |
| Ölsardine (Dose) | 222 | 929 | 24,1 | 13,9 | 3,2 | + | 0 |
| Rotbarsch, geräuchert | 145 | 607 | 23,8 | 5,5 | – | + | 0 |
| Salzhering | 218 | 912 | 19,8 | 15,4 | – | + | 0 |
| Schellfisch, geräuchert | 93 | 389 | 22,1 | 0,5 | – | + | 0 |
| Seelachs, geräuchert | 98 | 410 | 22,8 | 0,8 | – | + | 0 |
| Stockfisch | 339 | 1418 | 79,2 | 2,5 | – | + | 0 |
| Tunfisch in Öl | 283 | 1184 | 23,8 | 20,9 | – | + | 0 |

**Zeichenerklärung:**

– keine Daten verfügbar

\+ in Spuren

# Krusten-, Schalen- und Weichtiere

Zu den Krustentieren (Krebstieren) gehören z. B. Flusskrebse, Garnelen, Hummer, Krabben oder Langusten. Schalentiere sind durch eine Kalkschale geschützte Tiere wie Austern, Muscheln oder Schnecken. Weichtiere sind Muscheln, Schnecken oder Tintenfische.

## Gesundheitsnutzen: kalorienarme Eiweißquelle

Ernährungsphysiologisch ist diese Gruppe den Fischen vergleichbar. Mit einem hohen Eiweißgehalt, aber niedrigem Fett- und Kohlenhydratgehalt handelt es sich um kalorienarme Lebensmittel. Ferner enthalten sie reichlich Mineralien und Spurenelemente, insbesondere Jod und Selen.

Austern sind außergewöhnlich reich an Zink.

Auffällig ist der relativ hohe Cholesteringehalt von Krusten- und Schalentieren (durchschnittlich 100 bis 200 mg/100 g essbare Bestandteile, bzgl. Cholesterin siehe Kapitel »Hühnereier und Eiprodukte«).

## Tipps für Einkauf und Ernährung

1

Krusten-, Schalen- und Weichtiere sind eine kalorienarme und schmackhafte Bereicherung des Speiseplans. Achten Sie jedoch darauf, dass Sie nicht durch »schwere« Beilagen den Kaloriengehalt erhöhen.

2

Diese Tiere werden oft zu fertigen Delikatessprodukten verarbeitet, z. B. Feinkostsalate, eingelegte Produkte oder Konserven. Solche Spezialitäten sind meist durch fetthaltige Soßen und Tunken recht kalorienreich und stark konserviert. Achten Sie unbedingt auf die Angaben auf der Packung.

| Lebensmittel (pro 100 g verzehrbarer Anteil) | Kilokalorie (kcal) | Kilojoule (kJ) | Eiweiß g | Fett g | mehrfach ungesättigte Fettsäuren g | Kohlenhydrate g | Ballaststoffe g |
|---|---|---|---|---|---|---|---|
| **Krusten-, Schalen- und Weichtiere** | | | | | | | |
| Austern | 66 | 276 | 9,0 | 1,2 | 0,1 | 4,8 | 0 |
| Garnele (Speisekrabbe) | 87 | 364 | 18,6 | 1,4 | – | + | 0 |
| Hummer | 81 | 339 | 15,9 | 1,9 | – | + | 0 |
| Krebs (Flusskrebs) | 65 | 272 | 15,0 | 0,5 | – | + | 0 |
| Languste | 84 | 351 | 17,2 | 1,1 | 0,5 | 1,3 | 0 |
| Miesmuschel | 51 | 213 | 9,8 | 1,3 | – | + | 0 |
| Pilgermuschel | 63 | 264 | 15,6 | 0,1 | – | + | 0 |
| Schildkröte* | 77 | 322 | 17,5 | 0,8 | – | + | 0 |
| Steckmuschel | 54 | 226 | 10,5 | 1,3 | – | + | 0 |
| Tintenfisch | 68 | 285 | 15,3 | 0,8 | – | + | 0 |
| Weinbergschnecke | 73 | 305 | 16,0 | 1,0 | – | – | 0 |

**Zeichenerklärung:**

– keine Daten verfügbar

+ in Spuren

* Aus Gründen des Artenschutzes sollte man auf den Verzehr von Schildkröten und Produkten daraus verzichten.

# Getreide und Getreideprodukte

Die Vielfalt von Getreideprodukten aus Weizen, Gerste, Mais, Hafer und Reis ist groß. Die Nahrungsmittel schmecken nicht nur gut, sondern leisten auch einen wesentlichen Beitrag zur vollwertigen Ernährung.

## Gesundheitsnutzen: wertvolle Basiskost

Getreideerzeugnisse sind unsere wichtigsten Grundnahrungsmittel. Sie enthalten als Energieträger vor allem Kohlenhydrate in Form von Stärke, Eiweißstoffe, wenig Fett, ferner Vitamine der B-Gruppe, fast alle wichtigen Mineralien (insbesondere Eisen) und reichlich Ballaststoffe. Ernährungsphysiologisch am günstigsten ist Hafer. Hirse enthält außergewöhnlich viel Fluorid und Kieselsäure. Die Keimöle, insbesondere von Mais und Weizen, sind eine gute Quelle für die essenziellen Fettsäuren.

Beim Verarbeiten zu Mehl werden dem Getreide oft erhebliche Mengen an lebenswichtigen Stoffen entzogen, vor allem die Ballaststoffe. Bevorzugen Sie daher, sofern verträglich, möglichst Vollkornprodukte. Rohes Getreide ist schwer verdaulich und wird daher zu einer Vielzahl von Produkten verarbeitet, z. B. zu Brot, Gebäck, Kuchen, Flocken, Frühstückserzeugnissen, Instantprodukten, Teigwaren, Puddingpulver.

Reis liefert hauptsächlich Kohlenhydrate, etwas Eiweiß und wenig Fett, daneben die Vitamine $B_1$, $B_2$, Niacin und Eisen.

Naturreis mit Silberhäutchen (äußere Haut des Korns) ist am wertvollsten. Beim Parboiled-Reis sind die Vitamine und Mineralien in das Reiskorn gedrückt, so dass er trotz Wegnahme des Silberhäutchens noch etwa 80 Prozent der wertbestimmenden Bestandteile enthält. Weißreis enthält nur noch weniger als ein Drittel, Schnellkochreis nur noch Spuren der ursprünglichen Vitamine und Mineralien.

## Tipps für Einkauf und Ernährung

1
Getreideerzeugnisse sollten häufig auf dem Speiseplan stehen. Wählen Sie dabei möglichst wenig »veredelte« Produkte wie Brot aller Art, einfaches Gebäck, Flocken ohne weitere Zusätze etc. Diese Produkte sättigen rasch und anhaltend, sie sind am kalorienärmsten.

2
Müsliriegel enthalten zur einen Hälfte Getreide, Samen und Trockenfrüchte. Die andere Hälfte besteht aus einem Bindemittel, meist eine Mischung aus Zuckerarten und Fett. Zuckerhaltige Füllungen oder Überzüge erhöhen den Kaloriengehalt noch weiter, so dass es sich hierbei oft um eine »Kalorienbombe« handelt.

3
Gebäck und Kuchen enthalten meist überaus kalorienreiche Zutaten: Mandeln, Nüsse, Mohn, Kokosraspel, Sahne- und Buttercremefüllungen, Schokolade etc. Wer abnehmen möchte oder aus gesundheitlichen Gründen muss, sollte völlig darauf verzichten.

4
Achten Sie ansonsten bei Gebäck auf »versteckte Fette«, und bevorzugen Sie leichtes Hefegebäck, Obstkuchen und Biskuitgebäck. Praktisch zuckerfrei sind Laugengebäck (Brezeln), Gebäck aus Brandmasse, z. B. Windbeutel ohne süße Füllung und Glasur.

## Achtung Kalorienfalle: Toastbrot, Baguette & Co.

**Toastbrot** ist ein zum Rösten bestimmtes Spezialbrot, das mit den mürbemachenden und bräunungsfördernden Zutaten Fett, Milch und Zucker versetzt ist. Fett- und Zuckerzusätze dürfen bis zu 10 Prozent betragen. Damit ist Toastbrot erheblich kalorienreicher als »normale« Brotsorten, denen weder Zucker noch Fett zugesetzt wird.

**Baguette,** das außerhalb Frankreich hergestellt wird, enthält zwecks Verlängerung der Frische oft Zusätze von Fett und/oder Milchpulver und ist dadurch ebenfalls kalorienreicher als andere Brotsorten.

**Knusperbrot** ist ein Flachbrot mit schaumig-lockerer Struktur, dessen Energiegehalt durch Zusatz von Magermilchpulver, Zucker, Salz, Fett und Emulgatoren ebenfalls erhöht ist.

**Croissants** sind ein hörnchenförmiges Blätterteiggebäck, das erhebliche Mengen an Fett (Margarine oder Butter) enthält und damit überaus kalorienreich ist.

| Lebensmittel (pro 100 g verzehrbarer Anteil) | Kilokalorie (kcal) | Kilojoule (kJ) | Eiweiß g | Fett g | mehrfach ungesättigte Fettsäuren g | Kohlenhydrate g | Ballaststoffe g |
|---|---|---|---|---|---|---|---|
| **1. Getreide, Mehle und andere Mahlprodukte** | | | | | | | |
| Amaranth | 365 | 1527 | 14,6 | 8,8 | 4,1 | 56,8 | – |
| Buchweizen, Grütze | 345 | 1443 | 8,1 | 1,6 | 0,6 | 72,6 | 3,2 |
| – Korn, geschält | 340 | 1423 | 10,0 | 1,7 | 0,7 | 71,3 | 3,7 |
| – Vollmehl | 340 | 1423 | 10,0 | 1,7 | 1,1 | 70,7 | 3,7 |
| Gerste, Korn | 315 | 1318 | 10,6 | 2,1 | 1,3 | 63,3 | 9,8 |
| – Graupen | 338 | 1414 | 10,4 | 1,4 | 0,2 | 71,0 | 4,6 |
| – Vollkornmehl | 350 | 1464 | 10,6 | 1,9 | 0,2 | 72,0 | – |
| Getreidesprossen, i. D. | 73 | 305 | 3,2 | 0,4 | – | 13,0 | 2,5 |
| Grünkern (Dinkel), Korn | 320 | 1339 | 11,6 | 2,7 | – | 62,4 | 8,8 |
| – Mehl | 332 | 1389 | 13,3 | 2,5 | – | 64,0 | 8,4 |
| Hafer, Korn | 359 | 1502 | 12,6 | 7,1 | 3,0 | 59,8 | 5,6 |
| – Kleieflocken | 310 | 1297 | 17,8 | 8,5 | 3,6 | 40,5 | 19,0 |
| – Vollkornflocken | 354 | 1481 | 12,3 | 8,0 | 3,2 | 58,1 | 9,5 |
| – Instantflocken | 351 | 1469 | 13,3 | 7,7 | 3,1 | 57,2 | 9,5 |
| – Schmelzflocken | 354 | 1481 | 12,3 | 8,0 | 3,2 | 58,1 | 9,5 |
| – Grütze | 361 | 1510 | 13,9 | 5,8 | 2,5 | 69,7 | 3,6 |
| Hirse, Korn, entspelzt | 354 | 1481 | 10,6 | 3,9 | 1,9 | 69,0 | 3,8 |
| Mais, Korn | 333 | 1393 | 9,2 | 3,8 | 1,7 | 65,0 | 9,2 |
| – Popcorn | 368 | 1540 | 12,7 | 5,0 | 2,0 | 68,0 | 10,0 |
| – Maisgrieß (Polentagrieß) | 339 | 1418 | 8,8 | 1,1 | + | 73,5 | – |
| – Vollmehl | 333 | 1393 | 9,0 | 2,8 | 1,5 | 66,9 | 9,2 |
| Quinoa, Korn | 343 | 1435 | 13,8 | 5,0 | 2,6 | 60,8 | 4,4 |
| Reis, Korn, | | | | | | | |
| – Naturreis | 348 | 1456 | 7,4 | 2,2 | 0,8 | 73,4 | 2,2 |
| – poliert, roh | 347 | 1452 | 7,0 | 0,6 | 0,2 | 78,4 | 1,4 |
| – gekocht | 115 | 481 | 2,3 | 0,2 | + | 25,9 | 0,5 |
| – poliert, parboiled, roh | 345 | 1443 | 6,5 | 0,5 | 0,1 | 78,4 | 1,4 |
| – gekocht | 106 | 444 | 2,0 | 0,2 | 0,1 | 24,0 | 0,3 |
| – Mehl | 351 | 1469 | 7,2 | 0,7 | 0,1 | 79,1 | – |
| Roggen, Korn | 264 | 1105 | 8,7 | 1,7 | 0,8 | 60,7 | 13,2 |
| – Flocken | 307 | 1285 | 12,0 | 1,7 | 0,8 | 61,0 | 10,0 |
| – Mehl, Type 815 | 300 | 1255 | 6,9 | 1,0 | 0,3 | 71,0 | 6,5 |

| Lebensmittel (pro 100 g verzehrbarer Anteil) | Kilokalorie (kcal) | Kilojoule (kJ) | Eiweiß g | Fett g | mehrfach ungesättigte Fettsäuren g | Kohlenhydrate g | Ballaststoffe g |
|---|---|---|---|---|---|---|---|
| – Mehl, Type 997 | 299 | 1251 | 7,4 | 1,1 | 0,3 | 68,0 | 8,6 |
| – Mehl, Type 1150 | 295 | 1234 | 8,9 | 1,3 | 0,4 | 67,8 | 8,0 |
| – Vollkornmehl, Type 1800 | 273 | 1142 | 10,8 | 1,5 | 0,4 | 59,0 | 13,7 |
| – Keime, getrocknet | 400 | 1674 | 42,0 | 11,2 | 5,3 | 32,7 | – |
| – Speisekleie | 176 | 736 | 18,0 | 4,3 | + | 16,3 | 47,5 |
| Weizen, Korn | 304 | 1272 | 11,4 | 2,0 | 1,2 | 61,0 | 10,4 |
| – Grieß | 324 | 1356 | 10,8 | 1,0 | 0,4 | 69,0 | 7,1 |
| – Mehl, Type 405 | 339 | 1418 | 10,6 | 1,0 | 0,4 | 71,0 | 4,0 |
| – Mehl, Type, 550 | 339 | 1418 | 10,9 | 1,1 | 0,4 | 70,8 | 4,1 |
| – Mehl, Type 1050 | 330 | 1381 | 11,6 | 1,8 | 0,7 | 67,0 | 5,2 |
| – Vollkornmehl, Type 1700 | 306 | 1280 | 11,2 | 2,0 | 0,8 | 59,7 | 12,9 |
| – Keime, getrocknet | 311 | 1301 | 26,6 | 9,2 | 5,9 | 30,6 | 17,7 |
| – Speisekleie | 176 | 736 | 14,9 | 4,7 | 2,4 | 18,0 | 45,4 |
| **2. Stärkemehle** | | | | | | | |
| Kartoffelstärke | 336 | 1406 | 0,6 | 0,1 | + | 83,1 | + |
| Maisstärke | 346 | 1448 | 0,4 | 0,1 | + | 85,9 | + |
| Reisstärke | 343 | 1435 | 0,8 | 0 | + | 85,0 | + |
| Weizenstärke | 333 | 1393 | 0,4 | 0,1 | + | 86,1 | + |
| **3. Brote und Brötchen** | | | | | | | |
| Roggenbrot | 216 | 904 | 6,2 | 1,0 | 0,5 | 45,7 | 6,5 |
| Roggenbrötchen | 210 | 879 | 6,4 | 1,1 | 0,6 | 43,7 | 6,2 |
| Roggenmischbrot | 210 | 879 | 6,4 | 1,1 | 0,6 | 43,7 | 6,2 |
| Roggenvollkornbrot | 193 | 808 | 6,8 | 1,2 | 0,6 | 38,8 | 8,1 |
| Weißbrot | 238 | 996 | 7,5 | 1,2 | 0,7 | 48,0 | 3,0 |
| Weizenbrötchen (Semmel) | 272 | 1138 | 8,3 | 1,9 | 0,3 | 55,5 | 3,0 |
| Weizenmischbrot | 225 | 941 | 6,2 | 1,1 | 0,7 | 47,7 | 4,6 |
| Weizenvollkornbrot | 199 | 833 | 7,8 | 1,0 | 0,4 | 41,0 | 8,4 |
| Weizentoastbrot | 257 | 1075 | 6,9 | 4,5 | 0,6 | 48,0 | 3,6 |
| Baguette | 270 | 1130 | 7,9 | 0,7 | 0,4 | 55,4 | 3,0 |
| Knäckebrot | 318 | 1331 | 10,0 | 1,5 | 0,3 | 66,0 | 14,0 |
| Laugenbrezel | 239 | 1000 | 7,1 | 1,8 | 0,5 | 45,3 | 1,9 |

| Lebensmittel (pro 100 g verzehrbarer Anteil) | Kilokalorie (kcal) | Kilojoule (kJ) | Eiweiß g | Fett g | mehrfach ungesättigte Fettsäuren g | Kohlenhydrate g | Ballaststoffe g |
|---|---|---|---|---|---|---|---|
| Mehrkornbrot | 230 | 962 | 7,6 | 1,6 | 0,8 | 42,8 | 9,0 |
| Pumpernickel | 182 | 762 | 6,8 | 1,0 | 0,5 | 36,5 | 9,3 |
| Vollkorn-Sonnenblumenbrot | 244 | 1021 | 9,0 | 3,9 | 2,1 | 39,9 | 5,0 |
| **4. Cerealien (Müsliflocken)** | | | | | | | |
| Cornflakes | 352 | 1473 | 7,2 | 1,0 | + | 79,6 | 4,0 |
| Frosties | 379 | 1586 | 4,7 | 0,5 | + | 89,0 | 2,1 |
| Früchtemüsli, ohne Zucker | 363 | 1519 | 10,7 | 8,8 | 2,7 | 60,2 | 7,7 |
| Kleieflocken, gezuckert | 247 | 1033 | 12,0 | 3,0 | 0,2 | 42,0 | 33,0 |
| Müslimischung, i. D. | 394 | 1649 | 9,0 | 10,0 | + | 67,0 | 5,5 |
| Sechskornmüsli, ohne Zucker | 375 | 1569 | 12,0 | 9,6 | – | 60,0 | 3,4 |
| Schokomüsli, i. D. | 399 | 1669 | 10,0 | 11,5 | 4,2 | 63,8 | 6,1 |
| Vielkornmüsli, ohne Zucker | 380 | 1590 | 12,0 | 9,5 | – | 60,0 | 8,4 |
| **5. Teigwaren und Nudeln** | | | | | | | |
| Eierteigwaren, roh | 347 | 1452 | 13,0 | 3,0 | 0,9 | 70,0 | 3,4 |
| Spaghetti, eifrei (ital.), roh | 362 | 1515 | 12,5 | 1,2 | 0,1 | 75,2 | – |
| Vollkorn-Nudeln, roh | 343 | 1435 | 15,0 | 3,0 | 0,3 | 64,0 | 8,0 |
| Teigwaren, eifrei, roh | 362 | 1515 | 12,5 | 1,2 | 0,1 | 75,2 | – |

**Zeichenerklärung:**

– keine Daten verfügbar

\+ in Spuren

i. D. im Durchschnitt

# Gemüse und Gemüseprodukte, Kräuter, Hülsenfrüchte

Gemüse gehören zu den gesündesten Lebensmitteln überhaupt; sie sollten täglich auf dem Speiseplan stehen. Die Palette der Gemüsesorten ist ausgesprochen vielfältig. Man unterscheidet verschiedene Gruppen wie Blatt-, Kohl- oder Wurzelgemüse, Hülsenfrüchte und Kräuter.

## Gesundheitsnutzen: Zündfunken des Lebens

Mit einem Wassergehalt von 80 bis 90 Prozent ist Gemüse ausgesprochen kalorienarm. In den verbleibenden 10 bis 20 Prozent Trockenmasse sind 1 bis 2 Prozent Zellulose (Ballaststoff), 3 bis 20 Prozent verdauliche Kohlenhydrate, 1 bis 5 Prozent Stickstoffverbindungen und nur Spuren an Fett enthalten. In frischen Gemüsen kommen besonders reichlich Vitamine (A, $B_1$, $B_2$, C, Niacin) und Mineralien (Kalzium, Eisen, Kalium, Natrium, Phosphor, Mangan, Kobalt, Magnesium, Kupfer, Molybdän) vor. Von Bedeutung sind ferner die so genannten »bioaktiven sekundären Pflanzenstoffe«, Farb-, Geschmacks- und Geruchsstoffe in Obst und Gemüse, denen ausgesprochen gesundheitsfördernde (insbesondere immunsteigernde) Wirkungen nachgesagt werden. Somit unterstützen alle Gemüse Gesundheit und Wohlbefinden.

Kräuter gehören zu den wertvollsten Pflanzen überhaupt. Sie sind kalorienarme Gesundmacher voller Duft und Aroma und sollten reichlich verwendet werden.

Hülsenfrüchte sind kalorienreiche, aber wertvolle Nahrungsmittel. Von den Pflanzen enthalten sie den höchsten Eiweißgehalt. Während Sojaeiweiß fast alle essenziellen Aminosäuren besitzt, müssen andere Hülsenfrüchte mit

Getreide oder Fleisch kombiniert werden, um biologisch vollwertig zu sein. Hülsenfrüchte liefern ferner reichlich Ballaststoffe (Gehalt zwischen 11 und 18 Prozent). Mit Ausnahme von Kichererbsen, Sojabohnen und Prinzessbohnen enthalten Hülsenfrüchte kaum Fett. Ferner sind Hülsenfrüchte reich an Mineralien und Vitaminen. Wegen des hohen Ballaststoffgehalts werden die Mineralien jedoch nicht vollständig resorbiert.

Pilze bestehen zu 90 Prozent aus Wasser, der Rest verteilt sich auf Kohlenhydrate, wenig Fett und Eiweiß. Der Gehalt an Vitaminen und Mineralien kann vernachlässigt werden. Pilze sind eine kalorienarme und schmackhafte Bereicherung des Speiseplans, deren Gesundheitswert allerdings nicht sonderlich hoch ist. Für Menschen mit Magenbeschwerden sind Pilze ungeeignet, da sie durch ihre Gerüstsubstanz (Chitin) schwer verdaulich sind.

## Tipps für Einkauf und Ernährung

1

Essen Sie täglich reichlich Gemüse. Es ist nicht möglich, durch zu viel Gemüse dick zu werden. Im Gegenteil: Gemüse wirkt magenfüllend und stoppt dadurch allzu großen Appetit.

2

Bevorzugen Sie Grobgemüse wie Bohnen, Kohl, Kohlrabi, Rettich, Karotten, Sellerie, Fenchel (ungekocht, sofern vertragen) gegenüber Feingemüse wie Blumenkohl, Lauch,

**Achtung Kalorienfalle: Kartoffelveredelungsprodukte**

Kartoffeln sind ausgesprochen kalorienarme Nahrungsmittel, zur Kalorienbombe werden sie erst durch die Bearbeitung. In Kartoffelveredelungsprodukten wie Chips, Sticks, Pommes frites, Reibekuchen etc. ist der ursprüngliche Kaloriengehalt der Kartoffel durch Fett vervielfacht. So enthält eine Portion »Pommes« die doppelte bis dreifache Menge an Kalorien wie die entsprechende Portion Pellkartoffeln. Verbannen Sie daher nach Möglichkeit solche Produkte aus Ihrer täglichen Kost, oder essen Sie sie zumindest nur selten.

Blattsalat, Spargel. Die grobe Textur wird nur langsam verdaut und sorgt dadurch für ein lange anhaltendes Sättigungsgefühl. Essen Sie nie ungekochte Bohnen, weil sie nämlich giftig sind.

3
Kaufen Sie Gemüse möglichst frisch. Es ist am wertvollsten. An nächster Stelle steht Tiefkühlkost. Orientieren Sie sich am heimischen Angebot und Ihrem Appetit, Sie können kaum etwas falsch machen.

4
Hülsenfrüchte sind zwar kalorienreich, sollten dennoch regelmäßig verzehrt werden. Durch ihren hohen Ballaststoffgehalt schenken sie eine lange anhaltende Sättigung.

5
Da Pilze eine Tendenz zur Anreicherung von Schadstoffen haben, sollten Wildpilze nicht zu häufig gegessen werden. Bevorzugen Sie Zuchtpilze wie Champignons oder Austernpilze.

| Lebensmittel (pro 100 g verzehrbarer Anteil) | Kilokalorie (kcal) | Kilojoule (kJ) | Eiweiß g | Fett g | mehrfach ungesättigte Fettsäuren g | Kohlenhydrate g | Ballaststoffe g |
|---|---|---|---|---|---|---|---|
| **1. Hülsenfrüchte*** | | | | | | | |
| Adzukibohne, trocken | 351 | 1469 | 22,0 | 0,3 | – | 65,0 | – |
| Alfalfa/Luzerne-Sprossen, frisch | 34 | 142 | 4,0 | 0,7 | – | 2,1 | 1,6 |
| Bohnen, weiß, trocken | 294 | 1231 | 22,0 | 1,6 | – | 40,0 | 17,0 |
| Bohnensprossen, frisch | 37 | 155 | 4,5 | 0,7 | – | 2,3 | 3,0 |
| Erbsen, grün und gelb, trocken | 272 | 1138 | 23,0 | 1,4 | 0,8 | 41,2 | 16,6 |
| Kichererbsen, trocken | 275 | 1151 | 20,0 | 3,4 | – | 41,2 | 21,4 |
| Kichererbsensprossen, frisch | 153 | 640 | 8,8 | 0,7 | – | 25,5 | 2,8 |
| Kidneybohne, trocken | 275 | 1151 | 21,7 | 1,7 | – | 42,7 | 18,0 |
| Limabohne, trocken | 286 | 1197 | 19,0 | 1,1 | 0,8 | 45,0 | – |
| Linsen, trocken | 310 | 1297 | 23,5 | 1,4 | – | 52,0 | 10,6 |
| Mungbohnen, trocken | 292 | 1222 | 24,0 | 1,1 | – | 46,5 | 19,5 |
| Saubohne, trocken | 309 | 1293 | 23,9 | 2,0 | – | 48,9 | 22,0 |
| Sojabohne, trocken | 323 | 1351 | 33,7 | 18,1 | 10,7 | 6,3 | 21,9 |
| – Sprossen, frisch | 49 | 205 | 5,0 | 1,2 | – | 4,6 | 1,1 |
| – Sojafleisch, trocken, i.D. | 249 | 1042 | 44,0 | 2,2 | 0,5 | 13,4 | 21,0 |
| – Sojakäse (Tofu) | 85 | 356 | 8,0 | 5,0 | 2,0 | 2,0 | 0,5 |
| – Sojamehl, vollfett | 347 | 1452 | 37,3 | 20,6 | 12,0 | 3,1 | 18,5 |
| – Sojawurst i.D. | 313 | 1310 | 12,6 | 27,3 | 6,5 | 4,3 | 1,8 |

**Zeichenerklärung:**

– keine Daten verfügbar

\+ in Spuren

i. D. im Durchschnitt

* Von getrockneten Hülsenfrüchten lassen sich gut Sprossen ziehen. 1 Esslöffel Hülsenfrüchte ergibt 2 bis 3 Esslöffel Keimlinge, 10 g getrocknete Bohnen, Erbsen und Linsen, also ca. 25 g ihrer Sprossen. Der Kaloriengehalt dieser Mengen von Sprossen entspricht dem von 10 g trockenen Hülsenfrüchten. Die Nährstoffrelationen verschieben sich durch den Keimprozess, der Fettgehalt nimmt ab, der Vitamingehalt nimmt zu.

TopVital

| Lebensmittel (pro 100 g verzehrbarer Anteil) | Kilokalorie (kcal) | Kilojoule (kJ) | Eiweiß g | Fett g | mehrfach ungesättigte Fettsäuren g | Kohlenhydrate g | Ballaststoffe g |
|---|---|---|---|---|---|---|---|
| **2. Pilze*** | | | | | | | |
| Austernpilz | 24 | 100 | 2,5 | 0,5 | – | 2,4 | 2,0 |
| Birkenpilz | 20 | 84 | 2,5 | 0,6 | + | 0,2 | 7,3 |
| Butterpilz | 25 | 105 | 1,7 | 0,4 | + | 0,3 | 5,9 |
| Champignon, frisch | 15 | 63 | 2,7 | 0,3 | + | 0,3 | 1,9 |
| – in Dosen | 12 | 50 | 2,1 | 0,3 | + | 0,3 | 2,0 |
| Chin. Pilze (Shitake), frisch | 32 | 134 | 2,0 | 0,3 | + | 5,3 | – |
| – getrocknet | 324 | 1356 | 20,3 | 3,4 | + | 52,9 | – |
| Hallimasch | 32 | 134 | 2,6 | 0,7 | + | 3,5 | 7,6 |
| Morchel, Speise- | 27 | 113 | 2,7 | 0,5 | + | 2,5 | 7,0 |
| Pfifferling, frisch | 12 | 50 | 1,6 | 0,5 | + | 0,2 | 4,7 |
| – getrocknet | 93 | 389 | 16,5 | 2,2 | + | 1,8 | 60,5 |
| – in Dosen | 12 | 50 | 1,5 | 0,6 | + | 0,2 | 6,5 |
| Reizker | 27 | 113 | 2,5 | 0,7 | + | 2,2 | 6,9 |
| Rotkappe | 25 | 105 | 1,9 | 0,8 | + | 0,5 | 4,7 |
| Steinpilz, frisch | 17 | 71 | 2,8 | 0,4 | + | 0,5 | 6,9 |
| – getrocknet | 140 | 586 | 21,0 | 3,6 | + | 4,1 | 55,3 |
| Trüffel | 56 | 234 | 5,5 | 0,5 | + | 7,4 | 16,0 |
| **3. Gemüse, Salate, Kräuter und Gemüseprodukte*** | | | | | | | |
| Artischocke, roh | 22 | 92 | 2,4 | 0,1 | + | 2,6 | 10,8 |
| Aubergine, roh | 17 | 71 | 1,2 | 0,2 | + | 2,5 | 2,8 |
| Bambussprossen | 17 | 71 | 2,5 | 0,3 | – | 1,0 | – |
| Blattsellerie, roh | 23 | 96 | 1,1 | 0,2 | + | 4,3 | 2,0 |
| Bleichsellerie, roh | 15 | 63 | 1,2 | 0,2 | + | 2,2 | 2,6 |
| Blumenkohl, roh | 23 | 96 | 2,4 | 0,3 | 0,1 | 2,7 | 2,9 |
| – gekocht | 18 | 75 | 2,1 | 0,2 | + | 2,0 | 2,0 |
| – TK-Ware | 22 | 92 | 1,8 | 0,2 | + | 3,3 | 1,0 |
| Bohnen, grün, roh | 35 | 146 | 2,4 | 0,2 | + | 5,1 | 3,0 |
| – gekocht | 27 | 113 | 1,6 | 0,3 | + | 4,4 | 1,9 |
| – in Dosen | 23 | 96 | 1,2 | 0,1 | + | 3,9 | 1,0 |
| Brennnessel | 12 | 50 | 3,0 | + | + | + | – |

| Lebensmittel (pro 100 g verzehrbarer Anteil) | Kilokalorie (kcal) | Kilojoule (kJ) | Eiweiß g | Fett g | mehrfach ungesättigte Fettsäuren g | Kohlenhydrate g | Ballaststoffe g |
|---|---|---|---|---|---|---|---|
| Brokkoli, roh | 24 | 100 | 3,5 | 0,2 | + | 2,8 | 3,0 |
| – gekocht | 22 | 92 | 2,8 | 0,2 | + | 2,0 | 2,7 |
| Brunnenkresse | 17 | 71 | 1,6 | 0,3 | + | 2,3 | 1,5 |
| Cassave | 137 | 573 | 1,0 | 0,2 | – | 32,8 | 3,1 |
| Chicoree, roh | 16 | 67 | 1,3 | 0,2 | + | 2,3 | 1,3 |
| Chinakohl, roh | 11 | 46 | 1,2 | 0,3 | + | 1,3 | 1,7 |
| Dill, frisch | 60 | 251 | 4,0 | 3,0 | + | 4,0 | + |
| Eisbergsalat | 10 | 42 | 1,0 | + | + | 1,0 | 0,5 |
| Endiviensalat | 12 | 50 | 1,7 | 0,2 | + | 0,3 | 1,5 |
| Erbsen, grün, roh | 69 | 289 | 5,8 | 0,4 | + | 10,6 | 5,2 |
| – gekocht | 68 | 285 | 5,4 | 0,5 | + | 10,4 | 4,1 |
| – TK-Ware | 73 | 305 | 5,1 | 0,5 | + | 12,0 | 4,1 |
| – in Dosen | 56 | 234 | 3,6 | 0,4 | + | 9,4 | 4,0 |
| Feldsalat | 12 | 50 | 1,8 | 0,4 | + | 0,7 | 1,5 |
| Fenchelknolle, roh | 24 | 100 | 2,4 | 0,3 | + | 2,8 | 4,2 |
| Fenchelkraut | 41 | 172 | 2,4 | 0,3 | + | 7,1 | 2,5 |
| Frühlingszwiebel, roh | 25 | 105 | 2,3 | 0,3 | + | 3,1 | 2,0 |
| Gartenkresse | 33 | 138 | 4,2 | 1,4 | + | 2,5 | 3,5 |
| Grüner Pfeffer, roh | 16 | 67 | 0,9 | 0,4 | – | 2,2 | 1,0 |
| Grünkohl, roh | 33 | 138 | 4,3 | 0,9 | + | 2,5 | 4,2 |
| Gurke, Salat-, roh | 13 | 54 | 0,6 | 0,2 | + | 2,2 | 0,5 |
| Gurke, Salz-Dill- | 25 | 105 | 1,0 | 0,2 | + | 3,8 | 0,4 |
| Ingwerwurzel | 61 | 255 | 2,5 | 0,8 | – | 11,0 | – |
| Kartoffel, roh | 71 | 297 | 2,0 | 0,1 | 0,1 | 14,8 | 2,1 |
| – gekocht, mit Schale | 70 | 293 | 2,0 | + | + | 14,8 | 1,7 |
| – geröstet | 121 | 506 | 3,1 | 1,0 | + | 25,0 | 2,0 |
| Kartoffel, Chips | 539 | 2255 | 5,5 | 39,4 | + | 40,5 | – |
| – Pommes frites | 264 | 1105 | 4,2 | 14,5 | + | 35,7 | 4,0 |

**Zeichenerklärung:**

– keine Daten verfügbar; + in Spuren; i. D. im Durchschnitt;

* Alle Pilze kann man trocknen. Pauschal rechnet man, dass 100 g frische Pilze 10 g getrocknete Pilze ergeben. So kann man den Kaloriengehalt und den der Hauptnährstoffe leicht selbst errechnen, wenn er in Tabellen nicht aufgeführt ist.

| Lebensmittel (pro 100 g verzehrbarer Anteil) | Kilokalorie (kcal) | Kilojoule (kJ) | Eiweiß g | Fett g | mehrfach ungesättigte Fettsäuren g | Kohlenhydrate g | Ballaststoffe g |
|---|---|---|---|---|---|---|---|
| Kerbel | 50 | 209 | 4,4 | 0,4 | + | 7,3 | 4,3 |
| Knoblauchzehe, roh | 135 | 565 | 6,1 | 0,1 | + | 27,5 | – |
| Knollensellerie, roh | 18 | 75 | 1,6 | 0,3 | + | 2,3 | 4,2 |
| Kohlrabi, roh | 25 | 105 | 2,0 | 0,1 | + | 3,7 | 1,4 |
| Kohlrübe, roh | 35 | 146 | 1,1 | 0,2 | 0,1 | 7,0 | 2,7 |
| Kopfsalat | 12 | 50 | 1,3 | 0,2 | + | 1,1 | 1,5 |
| Kürbis, roh | 25 | 105 | 1,0 | 0,1 | + | 5,0 | 2,2 |
| Löwenzahnblatt | 45 | 188 | 2,6 | 0,6 | + | 9,1 | 2,0 |
| Maiskorn in der Dose | 110 | 460 | 3,2 | 1,5 | – | 21,0 | 2,0 |
| Mangold, roh | 14 | 59 | 2,1 | 0,3 | + | 0,7 | 2,0 |
| Maniok | 132 | 552 | 1,0 | 0,2 | + | 31,9 | 2,9 |
| Meerrettich, roh | 61 | 255 | 2,8 | 0,3 | + | 11,7 | 3,6 |
| Möhre (Karotte), roh | 27 | 113 | 1,1 | 0,2 | 0,1 | 5,2 | 3,4 |
| – gekocht | 18 | 75 | 0,8 | 0,2 | – | 3,1 | 3,0 |
| – in Dosen | 30 | 126 | 0,6 | 0,3 | 0,1 | 3,6 | 3,0 |
| Paprikaschote, roh | 20 | 84 | 1,2 | 0,3 | + | 2,9 | 3,6 |
| – gedünstet | 19 | 80 | 1,0 | 0,3 | + | 3,1 | 1,5 |
| Pastinake, roh | 22 | 92 | 1,3 | 0,4 | + | 2,9 | 11,6 |
| Petersilienblatt | 50 | 209 | 4,4 | 0,4 | + | 7,3 | 4,3 |
| Petersilienwurzel, roh | 40 | 167 | 2,9 | 0,5 | 0,3 | 6,0 | 4,0 |
| Porree (Lauch), Blätter, roh | 25 | 105 | 2,2 | 0,3 | + | 3,2 | 2,3 |
| – Knolle, roh | 26 | 109 | 2,4 | 0,3 | + | 3,5 | 3,0 |
| Portulak, roh | 26 | 109 | 1,5 | 0,3 | + | 4,3 | 2,0 |
| Radieschen | 13 | 54 | 1,1 | 0,1 | + | 2,0 | 1,0 |
| Rettich | 13 | 54 | 1,0 | 0,2 | + | 1,9 | 2,5 |
| Rhabarber, roh | 13 | 54 | 0,6 | 0,1 | + | 1,4 | 3,2 |
| Römersalat | 20 | 84 | 2,1 | + | + | 2,0 | 1,8 |
| Rosenkohl, roh | 38 | 159 | 4,9 | 0,3 | 0,2 | 3,3 | 4,4 |
| – gekocht | 30 | 126 | 4,2 | 0,3 | 0,2 | 3,0 | 3,0 |
| Rote Bete, roh | 41 | 172 | 1,6 | 0,1 | + | 8,5 | 2,5 |
| – gekocht | 25 | 105 | 1,1 | 0,1 | + | 5,0 | 2,0 |
| Rotkohl (Blaukraut), roh | 21 | 88 | 1,5 | 0,2 | 0,1 | 3,2 | 2,5 |
| Sauerampferblatt | 23 | 96 | 2,3 | 0,4 | + | 2,0 | 3,0 |
| Sauerkraut | 16 | 67 | 1,5 | 0,3 | – | 0,8 | 2,2 |
| Schnittlauch | 27 | 113 | 3,6 | 0,7 | + | 1,6 | 6,0 |

| Lebensmittel (pro 100 g verzehrbarer Anteil) | Kilokalorie (kcal) | Kilojoule (kJ) | Eiweiß g | Fett g | mehrfach ungesättigte Fettsäuren g | Kohlenhydrate g | Ballaststoffe g |
|---|---|---|---|---|---|---|---|
| Schwarzwurzel, roh | 16 | 67 | 1,4 | 0,4 | + | 1,6 | 17,0 |
| – gekocht | 17 | 71 | 1,3 | 0,4 | + | 2,0 | – |
| Spargel, roh | 18 | 73 | 1,9 | 0,1 | + | 2,2 | 1,5 |
| – gekocht | 13 | 54 | 1,7 | 0,1 | + | 1,2 | 1,5 |
| Spinat, roh | 15 | 63 | 2,5 | 0,3 | + | 0,6 | 2,6 |
| – gekocht | 12 | 50 | 2,3 | 0,3 | + | 0,5 | 2,1 |
| – TK-Ware | 12 | 52 | 2,3 | 0,3 | + | 0,1 | 2,3 |
| Süßkartoffel (Batate), roh | 108 | 452 | 1,6 | 0,6 | + | 24,1 | 8,0 |
| Taroknolle | 104 | 435 | 2,0 | 0,3 | + | 24,0 | 3,8 |
| Tomate, roh | 17 | 71 | 1,0 | 0,2 | + | 2,6 | 1,0 |
| – in Dosen | 19 | 80 | 1,2 | 0,2 | + | 2,7 | – |
| – Mark, gesalzen | 50 | 209 | 2,3 | 0,5 | + | 5,5 | 0,5 |
| Topinambur, roh | 29 | 121 | 2,4 | 0,4 | + | 4,0 | 13,0 |
| Wegerichblatt, roh | 119 | 498 | 1,0 | 0,2 | – | 28,3 | 6,0 |
| Weiße Rübe, roh | 25 | 105 | 1,0 | 0,2 | – | 4,7 | 3,0 |
| Weißkohl (Weißkraut), roh | 22 | 92 | 1,3 | 0,2 | 0,1 | 4,2 | 3,0 |
| Wirsingkohl, roh | 26 | 109 | 3,0 | 0,4 | + | 2,4 | 2,5 |
| – gekocht | 25 | 105 | 2,2 | 0,4 | + | 3,1 | 2,0 |
| Yamknolle | 101 | 423 | 2,0 | 0,1 | + | 23,1 | 3,3 |
| Zucchini | 19 | 80 | 1,6 | 0,4 | + | 2,2 | 1,1 |
| Zuckermais, roh | 90 | 377 | 3,0 | 1,2 | + | 15,8 | 4,0 |
| – gedünstet | 54 | 226 | 2,7 | 1,2 | + | 8,0 | 4,0 |
| Zwiebel, roh | 28 | 117 | 1,3 | 0,3 | + | 4,9 | 1,8 |
| – getrocknet | 200 | 837 | 10,8 | 0,9 | + | 35,3 | 36,5 |

**Zeichenerklärung:**

– keine Daten verfügbar

\+ in Spuren

* Falls nicht extra angegeben, beziehen sich alle Angaben bei Gemüse, Salat und Kräutern auf die geputzte, küchenfertige Rohware.

# Obst und Obstwaren

Der Vitamin-und Mineralstoffgehalt von Obst wird in vielen Fällen überschätzt und ist in Tabellen oft falsch angegeben. So lässt sich beispielsweise der Vitamin-C-Gehalt viel besser durch Paprika, Kartoffeln oder Petersilie decken als durch die meisten Obstsorten (ausgenommen Zitrusfrüchte, schwarze Johannisbeeren, Kiwis, Erdbeeren).

## Gesundheitsnutzen: Darmreiniger

Die meisten Menschen halten Obst für kalorienarm, vitamin- und mineralstoffreich. Doch der Wert von Obst beruht auf anderen Stoffen: Obst bereichert die Ernährung durch organische Säuren, Ballast- und Aromastoffe und nicht so sehr durch Vitamine und Mineralien. Der besondere Wert von Obst liegt in speziellen Inhaltsstoffen, die die Verdauung günstig beeinflussen. So fördern Zellulose und Pektine durch Quellungsvorgänge die Darmbewegung, reinigen dadurch den Darm und verhindern Gasansammlungen. Einige Pektine können auch Schadstoffe (z. B. radioaktive Stoffe) aus dem Magen-Darm-Trakt binden. Geruchs- und Aromastoffe aktivieren die Verdauungssäfte; Fruchtsäuren wirken bakterienabtötend und fördern die Kalziumaufnahme aus anderen Nahrungsmitteln (ideal z. B. in Kombination mit Milchprodukten).

## Tipps für Einkauf und Ernährung

1
Der mäßige, aber regelmäßige Verzehr von Obst wirkt ausgesprochen verdauungsfördernd und unterstützt dadurch Gesundheit und Wohlbefinden.

2
Auch wenn Obst einen hohen Wassergehalt hat, ist sein Energieinhalt nicht zu vernachlässigen. Der Brennwert mancher Obstarten (z. B. Apfel, Birne, Ananas) unterscheidet sich z. B. nicht wesentlich von dem einer Kartoffel. Im Obst liegen die Kohlenhydrate überwiegend in leicht verwertbarer Form vor, die direkt ins Blut gelangen. Dadurch steigt der Blutzuckerspiegel rasch an, sinkt aber genauso schnell wieder ab, so dass sich schnell wieder ein Hungergefühl einstellt.

3
Avocados und Trockenfrüchte sind regelrechte Kalorienbomben.

4
Sehr kalorienreich sind auch viele exotische Früchte wie Akipflaume, Durianfrucht, Kaktusfeige oder Sharonfrucht.

**Achtung Kalorienfalle: Obst als Diät**

Sehr beliebt ist Obst zum Abnehmen. Doch eine Diät, bei der ausschließlich Obst gegessen wird, ist unausgewogen und zum Abnehmen letztlich ungeeignet. Durch den hohen Gehalt an freiem Zucker in den Früchten kommt es zu mehr oder weniger ausgeprägten Schwankungen des Blutzuckerspiegels. Diese Höhen und Tiefen des Blutzuckers können regelrecht Heißhunger auslösen (siehe Kapitel »Nahrung: Freund und Feind des Körpers – Die Blutzuckerfalle«). Unkontrollierter Obstkonsum führt meist zu unkontrolliertem Essen.

5
Essen Sie Obst nicht zusätzlich, sondern anstelle anderer Speisen, z. B. statt Suppe oder Nachtisch.

6
Kaufen Sie bevorzugt frisches Obst entsprechend der jeweiligen Saison. Achten Sie bei Tiefkühlkost und Obstkonserven auf mögliche Zuckerzusätze.

TopVital

| Lebensmittel (pro 100 g verzehrbarer Anteil) | Kilokalorie (kcal) | Kilojoule (kJ) | Eiweiß g | Fett g | mehrfach ungesättigte Fettsäuren g | Kohlenhydrate g | Ballaststoffe g |
|---|---|---|---|---|---|---|---|
| **Obst und Obstwaren*** | | | | | | | |
| Acerolakirsche, roh | 16 | 67 | 0,2 | 0,2 | + | 2,6 | 2,0 |
| – Konzentrat, fest | 261 | 1092 | 5,6 | 1,2 | + | 57,0 | – |
| – Saft | 22 | 92 | 0,3 | 0,3 | + | 4,5 | – |
| Ananas, roh | 57 | 238 | 0,4 | 0,2 | + | 13,5 | 1,5 |
| – in Dosen | 84 | 352 | 0,4 | 0,2 | + | 20,2 | 1,0 |
| – Saft, ungezuckert | 56 | 234 | 0,4 | 0,1 | + | 12,0 | + |
| Apfel, ungeschält, | | | | | | | |
| – roh | 54 | 226 | 0,3 | 0,6 | + | 10,4 | 2,0 |
| – getrocknet | 264 | 1105 | 1,2 | 1,6 | + | 61,1 | 8,0 |
| – Mus, gezuckert | 79 | 331 | 0,2 | 0,1 | + | 19,2 | 2,0 |
| – Saft | 47 | 197 | 0,1 | + | + | 11,7 | + |
| – Gelee | 257 | 1075 | – | – | 0 | 60,0 | + |
| Apfelsine (Orange), roh | 44 | 184 | 1,0 | 0,2 | + | 8,3 | 1,6 |
| – Saft, frisch gepresst | 47 | 197 | 0,7 | 0,2 | + | 10,5 | + |
| – Saft aus Konzentrat | 49 | 205 | 0,7 | 0,2 | + | 11,0 | – |
| – Marmelade | 243 | 1017 | 0,4 | 0 | 0 | 60,4 | 0,5 |
| Aprikose, roh | 47 | 197 | 1,0 | 0,2 | + | 8,5 | 1,5 |
| – getrocknet | 240 | 1004 | 5,0 | 0,5 | + | 47,9 | 8,6 |
| – in Dosen | 71 | 297 | 0,6 | 0,1 | + | 17,0 | 2,0 |
| – Konfitüre | 258 | 1079 | 0,4 | 0 | 0 | 64,0 | – |
| – Nektar | 60 | 251 | 0,3 | 0,1 | 0 | 14,4 | – |
| Avocado | 223 | 933 | 1,9 | 23,5 | + | 0,4 | 6,3 |
| Banane, roh | 94 | 393 | 1,1 | 0,2 | + | 21,4 | 1,8 |
| – getrocknet (Chips) | 326 | 1364 | 4,4 | 0,8 | + | 75,2 | 12,0 |
| Birne, roh | 55 | 230 | 0,5 | 0,3 | + | 12,4 | 3,3 |
| – getrocknet | 213 | 892 | 3,1 | 1,8 | + | 46,0 | 13,5 |
| – in Dosen | 76 | 318 | 0,3 | 0,2 | + | 18,3 | 2,0 |
| – Nektar | 55 | 230 | 0,3 | 0,2 | 0 | 12,9 | 0,5 |
| Boysenbeere | 34 | 142 | 1,0 | + | + | 7,0 | – |
| Brombeere, roh | 44 | 184 | 1,2 | 1,0 | + | 6,2 | 3,2 |
| – Konfitüre | 237 | 992 | 0,5 | 0 | 0 | 58,7 | 2,0 |
| – Saft | 38 | 159 | 0,3 | 0,6 | + | 7,8 | 0 |
| Carissa | 50 | 209 | + | + | – | 10,0 | – |
| Cherimoya (Anone) | 63 | 264 | 1,5 | 0,3 | – | 13,6 | 1,0 |

| Lebensmittel (pro 100 g verzehrbarer Anteil) | Kilokalorie (kcal) | Kilojoule (kJ) | Eiweiß g | Fett g | mehrfach ungesättigte Fettsäuren g | Kohlenhydrate g | Ballaststoffe g |
|---|---|---|---|---|---|---|---|
| Dattel, getrocknet | 273 | 1142 | 2,0 | 0,5 | + | 65,2 | 9,0 |
| Ebereschenfrucht | 89 | 372 | 1,5 | + | – | 20,3 | 2,4 |
| Erdbeere, roh | 33 | 138 | 0,8 | 0,5 | + | 5,5 | 1,6 |
| – in Dosen | 77 | 322 | 0,6 | 0,2 | + | 18,1 | 1,0 |
| – TK-Ware | 33 | 138 | 0,8 | 0,4 | + | 6,5 | 2,0 |
| – Konfitüre | 234 | 979 | 0,4 | 0 | 0 | 58,2 | 0,5 |
| Feige, | | | | | | | |
| – frisch, roh | 60 | 251 | 1,3 | 0,4 | + | 12,9 | 2,0 |
| – kandiert | 296 | 1238 | 3,5 | 0,2 | + | 70,0 | 6,0 |
| – getrocknet | 243 | 1017 | 3,9 | 1,3 | + | 54,0 | 12,9 |
| Granatapfelkerne, | 78 | 326 | 0,8 | 0,8 | – | 16,8 | 3,0 |
| – Saft, frisch, roh | 69 | 287 | 0,2 | + | – | 16,7 | 3,1 |
| Grapefruit, roh | 43 | 180 | 0,6 | 0,2 | + | 9,0 | 1,6 |
| – Saft, frisch gepresst | 41 | 172 | 0,6 | 0,1 | + | 9,0 | – |
| – Saft in Dosen, ungezuckert | 48 | 201 | 0,5 | 0,1 | + | 11,3 | – |
| Guave, frisch, roh | 38 | 159 | 0,8 | 0,8 | + | 6,4 | 10,4 |
| – in Dosen mit Sirup | 67 | 280 | 0,6 | + | – | 15,7 | 4,0 |
| Hagebutte, roh | 92 | 384 | 3,6 | + | + | 19,3 | 6,0 |
| – Fleisch und Schale | 89 | 372 | 2,0 | 0,7 | + | 18,7 | 4,0 |
| – Konfitüre (Hiffenmark) | 257 | 1975 | 0,5 | + | 0 | 63,8 | 2,0 |
| Heidelbeere, Wald-, roh | 38 | 159 | 0,7 | 0,6 | + | 6,1 | 4,9 |
| – im Glas, ungezuckert | 24 | 100 | 0,4 | 0,4 | + | 3,9 | 3,0 |
| – im Glas, gezuckert | 81 | 339 | 0,7 | 0,5 | + | 18,3 | 3,0 |
| – Konfitüre | 243 | 1017 | 0,3 | 0 | 0 | 60,4 | 2,0 |
| – Kulturheidelbeere | 83 | 347 | 0,7 | 0,5 | + | 19,0 | 5,0 |
| Himbeere, roh | 32 | 134 | 1,3 | 0,4 | + | 4,8 | 4,7 |
| – im Glas, ungezuckert | 26 | 109 | 0,7 | 0,1 | + | 5,5 | 4,5 |
| – im Glas, gezuckert | 76 | 318 | 0,7 | 0,3 | + | 20,2 | 4,0 |
| – Saft, frisch gepresst | 30 | 126 | 0,3 | 0 | 0 | 7,1 | – |
| – Sirup | 274 | 1146 | + | 0 | 0 | 65,8 | 0 |
| – Konfitüre | 248 | 1038 | 0,6 | 0 | 0 | 61,3 | 2,0 |
| – Gelee | 260 | 1088 | + | 0 | 0 | 63,5 | 0 |
| Holunderbeere, | | | | | | | |
| – schwarz, roh | 54 | 226 | 2,6 | 1,7 | + | 7,4 | 6,5 |
| – Saft, ungezuckert | 40 | 167 | 2,0 | + | – | 7,5 | – |

| Lebensmittel (pro 100 g verzehrbarer Anteil) | Kilokalorie (kcal) | Kilojoule (kJ) | Eiweiß g | Fett g | mehrfach ungesättigte Fettsäuren g | Kohlenhydrate g | Ballaststoffe g |
|---|---|---|---|---|---|---|---|
| Honigmelone, Fruchtfleisch | 54 | 226 | 0,9 | 0,1 | – | 12,4 | 0,7 |
| Jackfrucht | 68 | 285 | 1,1 | 0,5 | – | 14,6 | 9,7 |
| Johannisbeere, rot | 33 | 138 | 1,1 | 0,2 | + | 4,9 | 3,5 |
| – Gelee | 267 | 1117 | + | 0 | 0 | 65,0 | + |
| – Konfitüre | 244 | 1021 | 0,5 | 0 | 0 | 58,9 | 3,0 |
| – Nektar | 56 | 234 | 0,4 | + | + | 13,2 | – |
| Johannisbeere, schwarz | 39 | 163 | 1,3 | 0,2 | + | 6,1 | 6,8 |
| – Nektar | 54 | 226 | 0,4 | + | + | 13,0 | – |
| Johannisbeere, weiß | 31 | 140 | 0,9 | + | + | 6,7 | 3,0 |
| Kakifrucht | 71 | 297 | 0,6 | 0,3 | – | 16,5 | 2,5 |
| Kaktusfeige | 36 | 151 | 0,8 | 0,7 | – | 7,1 | 5,0 |
| Kapstachelbeere | 92 | 74 | 310 | 2,7 | – | 1,1 | 12,9 |
| Karambole (Sternfrucht) | 23 | 96 | 1,2 | 0,5 | – | 3,5 | 3,2 |
| Kirsche, Süß-, roh | 59 | 247 | 0,9 | 0,4 | + | 14,2 | 1,3 |
| Kirsche, Sauer-, roh | 50 | 209 | 1,1 | 0,4 | + | 9,9 | 1,1 |
| – im Glas, gezuckert | 83 | 347 | 0,7 | 0,2 | + | 19,6 | 1,5 |
| – Konfitüre | 250 | 1046 | 0,4 | 0 | 0 | 62,2 | 1,0 |
| Kiwi | 50 | 209 | 0,9 | 0,6 | – | 10,3 | 2,1 |
| Korinthe, getrocknet | 266 | 1113 | 1,7 | + | – | 63,1 | 7,0 |
| Litschi | 73 | 305 | 0,9 | 0,2 | – | 17,0 | 1,6 |
| Loganbeere, roh | 18 | 75 | 1,1 | + | – | 3,4 | 6,0 |
| – in Dosen | 107 | 448 | 0,6 | – | – | 26,2 | 3,0 |
| Mandarine, roh | 45 | 188 | 0,6 | 0,2 | + | 10,2 | 2,0 |
| – in Dosen, gezuckert | 64 | 268 | 0,8 | + | + | 15,2 | – |
| – Saft, ungezuckert | 44 | 184 | 9,5 | 0,2 | + | 10,1 | – |
| Mango, roh | 56 | 234 | 0,5 | 0,3 | – | 12,8 | 1,7 |
| – in Dosen, gezuckert | 85 | 356 | 0,3 | + | – | 20,3 | 1,0 |
| Maulbeere, ganze Frucht | 39 | 163 | 1,3 | + | – | 8,1 | 2,0 |
| Mirabelle | 67 | 280 | 0,7 | 0,2 | + | 15,0 | 0,9 |
| Mispel, Fruchtfleisch | 46 | 193 | 0,5 | + | – | 10,6 | 2,1 |
| Moosbeere | 39 | 163 | 0,4 | 0,7 | + | 3,9 | 3,9 |
| Nektarine | 54 | 226 | 0,9 | + | – | 12,4 | 2,0 |
| Olive, grün, mariniert | 131 | 548 | 1,4 | 13,3 | – | 1,5 | 2,4 |
| Olive, schwarz, mariniert | 351 | 1469 | 2,2 | 35,8 | 1,3 | 4,9 | – |
| Papaya | 13 | 54 | 0,6 | 0,1 | – | 2,4 | 1,9 |
| Passionsfrucht (Maracuja) | 56 | 234 | 2,8 | 0,4 | – | 9,5 | 1,5 |

| Lebensmittel (pro 100 g verzehrbarer Anteil) | Kilokalorie (kcal) | Kilojoule (kJ) | Eiweiß g | Fett g | mehrfach ungesättigte Fettsäuren g | Kohlenhydrate g | Ballaststoffe g |
|---|---|---|---|---|---|---|---|
| Pfirsich, roh | 47 | 197 | 0,7 | 0,1 | + | 10,8 | 1,9 |
| – getrocknet | 248 | 1038 | 3,1 | 0,7 | + | 57,4 | 10,2 |
| – in Dosen, gezuckert | 75 | 314 | 0,5 | 0,1 | + | 18,1 | 1,1 |
| Pflaume (Zwetschge), roh | 51 | 213 | 0,6 | 0,1 | + | 10,2 | 1,6 |
| – getrocknet (Backpflaume) | 236 | 988 | 2,3 | 0,6 | + | 47,4 | 5,0 |
| – im Glas, gezuckert | 71 | 297 | 0,5 | 0,1 | + | 18,1 | 1,5 |
| – Konfitüre (Pflaumenmus) | 247 | 1033 | 0,3 | + | – | 60,0 | 1,0 |
| Preiselbeere, roh | 35 | 146 | 0,7 | 0,6 | + | 6,2 | 2,9 |
| – im Glas, gezuckert | 187 | 782 | 0,5 | 0,3 | + | 44,4 | 2,1 |
| – im Glas, ungezuckert | 35 | 146 | 0,7 | 0,6 | + | 6,5 | 2,5 |
| Quitte, roh | 38 | 159 | 0,4 | 0,3 | + | 8,3 | 6,0 |
| – Konfitüre | 242 | 1013 | 0,2 | 0 | 0 | 58,8 | 3,0 |
| Reineclaude | 59 | 247 | 0,8 | + | – | 13,5 | 2,3 |
| Rosine, kernlos | 287 | 1201 | 2,6 | 0,6 | – | 66,2 | 5,4 |
| Sanddornbeere, roh | 90 | 377 | 1,4 | 7,1 | + | 3,3 | 2,0 |
| – Saft, ungezuckert | 44 | 184 | 0,9 | 2,3 | + | 4,8 | – |
| Stachelbeere, roh | 37 | 155 | 0,8 | 0,2 | + | 7,0 | 3,0 |
| – im Glas, gezuckert | 92 | 385 | 0,5 | 0,1 | + | 21,8 | 2,5 |
| Sultanine | 273 | 1442 | 1,8 | + | – | 64,7 | 5,4 |
| Wassermelone | 38 | 159 | 0,6 | 0,2 | + | 8,3 | 0,2 |
| Weintraubenbeere, roh | 73 | 306 | 0,7 | 0,3 | + | 16,1 | 1,5 |
| – getrocknet (Rosine) | 285 | 1192 | 2,3 | 0,5 | + | 66,2 | 5,6 |
| – Saft | 71 | 297 | 0,2 | + | + | 17,1 | – |
| Zitrone, | | | | | | | |
| – roh, Fruchtfleisch | 40 | 167 | 0,9 | 0,5 | + | 3,2 | 4,3 |
| – Saft | 26 | 109 | 0,4 | 0,1 | + | 2,4 | – |

**Zeichenerklärung:**

– keine Daten

\+ in Spuren

* Wenn nicht anders angegeben, beziehen sich die Werte auf frisches, rohes Obst (verzehrfähiger Anteil, ohne Kerne und nicht essbare Schale).

# Nüsse und Samen

## Gesundheitsnutzen: Nervennahrung

Nüsse enthalten beachtliche Mengen an Fett und Eiweiß. Das Fett besteht hauptsächlich aus herzfreundlichen ungesättigten Fettsäuren (ausgenommen Kokosnuss). Der Wassergehalt lufttrockener Kerne liegt bei 3 bis 7 Prozent. Nüsse und Samen sind relativ reich an B-Vitaminen und Kalium, Kalzium, Magnesium und Eisen und sind daher gut für starke Nerven.

## Tipps für Einkauf und Ernährung

1
Bedenken Sie, dass eine gute Hand voll Nüsse bereits den Kaloriengehalt einer kompletten Mahlzeit hat.

2
Nüsse in Kombination mit Obst sind besonders hochwertig und eignen sich als vollwertige Mahlzeit, wenn es schnell gehen soll, z. B. beim Wandern, Sport oder im Berufsalltag.

3
Achten Sie auf »versteckte« Nüsse, z. B. in Süßspeisen, Backwaren, Eis, Joghurt, Müslimischungen, Knabberartikeln, Marzipan oder Emulsionslikören. Solche Produkte sind immer besonders kalorienreich.

4
Nüsse, die geröstet oder gesalzen angeboten werden, sind oft auch chemisch behandelt und mit zusätzlichem Fett versetzt. Verzichten Sie deshalb auf solche Produkte!

5
In verschimmelten Nüssen bilden sich stark Krebs erregende Aflatoxine. Sie müssen weggeworfen werden. Aus verschimmelten Nüssen hergestellte Produkte sind dann ebenfalls belastet. Daher ist es am besten, frische Ware guter Qualität zu kaufen. Am stärksten belastet sind Erdnüsse und Paranüsse.

| Lebensmittel (pro 100 g verzehrbarer Anteil) | Kilokalorie (kcal) | Kilojoule (kJ) | Eiweiß g | Fett g | mehrfach ungesättigte Fettsäuren g | Kohlenhydrate g | Ballaststoffe g |
|---|---|---|---|---|---|---|---|
| **Nüsse, Samen und Kerne** | | | | | | | |
| Cashewnuss | 569 | 2381 | 17,2 | 42,0 | 6,9 | 40,5 | 2,9 |
| Erdnuss | 571 | 2389 | 26,0 | 48,1 | 15,0 | 8,3 | 10,9 |
| – geröstet | 586 | 2452 | 26,4 | 49,4 | 13,8 | 9,4 | 11,4 |
| – Butter | 630 | 2636 | 28,0 | 50,0 | 12,0 | 17,0 | 0 |
| Erdnussflocken | 520 | 2176 | 13,0 | 28,0 | – | 54,0 | – |
| Ginko-Nuss, roh | 172 | 720 | 4,7 | 1,7 | – | 34,5 | – |
| Ginko-Nuss, gekocht | 165 | 690 | 4,3 | 1,3 | – | 34,0 | – |
| Haselnusskern | 643 | 2690 | 13,0 | 61,0 | 10,5 | 11,4 | 7,4 |
| Kastanie, Marone | 196 | 820 | 3,4 | 1,9 | – | 41,2 | 8,4 |
| Kokosnuss, Mark | 369 | 1544 | 3,9 | 36,5 | 2,8 | 4,8 | 9,0 |
| – Milch | 9 | 38 | 0,3 | 0,2 | – | 1,4 | – |
| – Raspe | 606 | 2536 | 5,6 | 62,0 | – | 6,4 | 24,0 |
| Kürbiskern | 570 | 2385 | 25,0 | 50,0 | – | 5,0 | 5,0 |
| Leinsamen, ungeschält | 375 | 1569 | 24,0 | 30,9 | 26,0 | 6,0 | 38,6 |
| Lupinensamen, ungeschält | 450 | 1882 | 40,0 | 20,0 | – | 20,0 | 10,0 |
| Mandelkern | 576 | 2410 | 19,0 | 54,0 | 10,1 | 3,7 | 15,2 |
| Mohnsamen (Blaumohn) | 481 | 2013 | 20,0 | 41,0 | 19,0 | 4,2 | 20,5 |
| Macadamianuss | 686 | 2870 | 7,5 | 73,0 | 1,3 | – | 15,9 |
| Paranuss | 668 | 2795 | 14,0 | 67,0 | 25,0 | 3,6 | 60,0 |
| Pekannuss | 702 | 2937 | 9,3 | 72,0 | 17,8 | 4,4 | 9,5 |
| Pinienkern | 674 | 2820 | 13,0 | 60,0 | – | 20,5 | 1,0 |
| Pistazienkern | 598 | 2502 | 20,8 | 51,6 | 6,8 | 17,5 | 6,5 |
| Sesamsamen, | 565 | 2364 | 17,7 | 50,0 | 19,4 | 10,2 | 11,2 |
| – geröstet | 630 | 2506 | 20,3 | 54,2 | – | 15,3 | – |
| Sonnenblumenkern, geschält | 580 | 2428 | 22,5 | 49,0 | 28,8 | 12,3 | 6,3 |
| Walnusskern | 666 | 2787 | 15,0 | 62,0 | 40,9 | 12,1 | 6,1 |

**Zeichenerklärung:**

– keine Daten verfügbar

\+ in Spuren

# Honig, Zucker, Süßwaren

Zucker ist das am weitesten verbreitete Süßungsmittel. Zucker ist ein süßes Kohlenhydrat, das leicht in Wasser löslich und ein hauptsächlicher Bestandteil von Süßwaren ist.

## Gesundheitsnutzen: Genussmittel

Der Verzehr von Zucker ist aufgrund seines Kalorienreichtums und der fehlenden Vitamine und Mineralien ungesund und fördert Karies. Zucker wird im Körper vollständig verbrannt und dient damit ausschließlich als Energielieferant (»leerer Kalorienträger«), ist aber zum Sattessen trotzdem nicht geeignet. Er stimuliert die Insulinausschüttung im Organismus und bewirkt dadurch ein starkes Absinken des Blutzuckerspiegels; das löst Hungergefühle aus.

Der Griff zu Süßigkeiten wie z. B. zu einem Schokoriegel soll den Appetit stillen, und der Kreislauf beginnt von neuem. Folge: Es wird mehr Energie aufgenommen als tatsächlich benötigt wird. Überschüssiger Zucker wird nicht verbrannt, sondern in der Leber in Fett als Energiereserve umgewandelt. Ferner verbraucht die Zuckerverbrennung Vitamin $B_1$, kann also Defizite erzeugen.

Sehr beliebt sind so genannte »gesunde« Zuckerprodukte wie Fruchtdicksaft, Ahornsirup (aus dem süßen

Saft des kanadischen Ahornbaums). Melasse (Rückstand aus der Zuckergewinnung mit 60 Prozent Zucker) oder Ursüße (zuckerhaltiges Zwischenprodukt der normalen Zuckergewinnung). All diese Produkte enthalten letztlich nichts weiter als Zucker – allerdings zu einem viel höheren Preis.

Honig besteht zu 81 Prozent aus Kohlenhydraten und zu 18 Prozent aus Wasser. Der Rest entfällt vornehmlich auf Mineralstoffe. Ernährungsphysiologen erkennen in Honig keinen ausgeprägten Vorzug gegenüber vergleichbaren Zuckergemischen. Honig hat einen mit Zucker vergleichbaren Brennwert und wirkt kariesfördernd. Eine Zuckereinsparung ergibt sich allenfalls dadurch, dass man Honig wegen seines Eigenaromas sparsamer dosiert.

## Tipps für Einkauf und Ernährung

1

Schränken Sie den Konsum von Zucker ein.

2

Achten Sie auf »versteckten« Zucker in Limonaden, Fruchtsaftgetränken, Colagetränken, Milchmischgetränken, Tomatenketchup, Likören, Brotaufstrichen, Fruchtmus, Fertigdessertsoßen, Speiseeis, Süßigkeiten aller Art etc., meiden Sie solche Produkte.

3

Achten Sie bei Fertigprodukten auf die Deklaration. Hinter Bezeichnungen wie Stärkesirup, Zuckercouleur, Glukosesirup, Dextrose, Glukose, Fruktose verbirgt sich ebenfalls reiner Zucker. Vorsicht auch bei der Aufschrift »zu-

**Achtung Kalorienfalle: Zuckeraustauschstoffe**

Häufig wird Zucker durch so genannte Zuckeraustauschstoffe wie Fructose, Sorbit, Maltit, Mannit, Xylit oder Isomalt ersetzt. Diese Substanzen haben den Vorteil, dass sie nicht kariogen sind und insulinsparend abgebaut werden, es also nicht zu einem erhöhten Insulinspiegel und Hungergefühlen kommt. Sie haben aber (bis auf Maltit und Isomalt) den gleichen Kaloriengehalt wie reiner Zucker, sind also zum Kaloriensparen nicht geeignet.

ckerfrei« (siehe Kapitel »Nahrung: Freund und Feind des Körpers«).

4
Süßstoffe wie Saccharin oder Cyclamat enthalten keine Kalorien, können aber trotzdem dick machen (siehe Seite 14 »Geschmacksfalle«).

5
Süßigkeiten und Schokolade sind Kalorienbomben, die nicht zu einer gesunden Ernährung passen. Wer sie sich nur sparsam wie ein Genussmittel gönnt, muss jedoch keine ernsthaften Folgen befürchten.

6
Schokolade eignet sich als kompakte Kraftnahrung für Sondersituationen, z. B. Expeditionen ins Gebirge, Skitouren, Mountainbiketouren etc. Sie enthält nämlich praktisch alle lebensnotwendigen Nährstoffe und führt zu einer schnell einsetzenden und lange anhaltenden Sättigung: Als Energielieferant steht der darin enthaltene Zucker praktisch sofort und danach langfristig das Fett zur Verfügung. Überdies enthält Schokolade bemerkenswert wenig Zusatzstoffe und ist auch bei kühlen Temperaturen verzehrfähig.

| Lebensmittel (pro 100 g verzehrbarer Anteil) | Kilokalorie (kcal) | Kilojoule (kJ) | Eiweiß g | Fett g | mehrfach ungesättigte Fettsäuren g | Kohlenhydrate g | Ballaststoffe g |
|---|---|---|---|---|---|---|---|
| **Honig, Zucker, Süßwaren** | | | | | | | |
| Ahornsirup i. D. | 270 | 1130 | – | – | – | 65,0 | – |
| Apfeldicksaft | 262 | 1096 | 0,5 | – | – | 59,9 | + |
| Apfeldicksaft, ungezuckert | 276 | 1155 | 1,0 | – | – | 56,5 | + |
| Bienenhonig i. D. | 325 | 1360 | 0,3 | 0 | – | 81,0 | – |
| Birnendicksaft | 278 | 1163 | 0,7 | – | – | 66,3 | + |
| Brotaufstrich auf Nussbasis | 530 | 2213 | 7,0 | 30,0 | 4,8 | 54,0 | – |
| Gummibärchen | 336 | 1406 | 6,0 | – | – | 76,0 | + |
| Fruchtgummi | 347 | 1452 | 6,6 | 0 | – | 78,0 | + |
| Fruchtwürze Friate | 354 | 1481 | 0,4 | + | – | 83,0 | + |
| Fruchtzucker | 410 | 1715 | 0 | 0 | – | 100,0 | 0 |
| Frutilose | 290 | 1213 | 0,4 | 0 | – | 72,0 | 0 |
| Kakaopulver, fettarm | 280 | 1172 | 24,0 | 12,0 | 0,4 | 17,0 | – |
| Kaugummi mit Zucker | 322 | 1347 | 0 | 0 | – | 78,5 | – |
| – 1 Stück zu 3,3 g | 11 | 46 | 0 | 0 | – | 2,6 | – |
| Kokosflocken-Konfekt | 457 | 1912 | 2,0 | 18,0 | 0,7 | 68,5 | 4,0 |
| Konfitüre i. D. | 273 | 1142 | 0,6 | + | 0 | 66,0 | 3,0 |
| Lakritze | 342 | 1431 | 5,2 | 0 | – | 78,0 | + |
| Marzipan | 467 | 1954 | 8,0 | 25,0 | 5,0 | 49,0 | 1,0 |
| Nougat | 514 | 2151 | 5,0 | 24,0 | 3,1 | 66,0 | + |
| Schaumzucker | 372 | 1556 | 2,5 | 0 | – | 88,0 | 0 |
| Schaumzucker-Dragee | 391 | 1636 | 2,4 | 0 | – | 93,0 | 0 |
| Schokolade, Diabetiker- | 461 | 1929 | 8,0 | 31,0 | – | 55,0 | – |
| – halbitter | 514 | 2151 | 5,3 | 30,0 | 1,1 | 54,0 | + |
| – Vollmilch- | 541 | 2264 | 8,0 | 30,0 | 0,9 | 56,0 | + |
| – mit Haselnuss (20 %) | 574 | 2402 | 9,5 | 36,5 | 2,7 | 47,5 | + |
| – weiß | 561 | 2347 | 8,8 | 32,0 | – | 55,3 | – |
| Zucker, weiß und braun | 410 | 1715 | 0 | 0 | 0 | 100,0 | 0 |
| Zuckerrübensirup | 268 | 1121 | 0,9 | 0 | – | 64,5 | 0 |

**Zeichenerklärung:**

– keine Daten verfügbar

\+ in Spuren

i. D. im Durchschnitt

# Getränke mit und ohne Alkohol

## Gesundheitsnutzen: Muntermacher und Genussmittel

Getränke aller Art versorgen den Körper mit Flüssigkeit, die für alle Lebensvorgänge benötigt wird.

Täglich sollten zwei bis drei Liter Flüssigkeit getrunken werden. Durch die richtige Wahl der Getränke kann man hierbei ganz erheblich Kalorien sparen.

Achten Sie insbesondere auf den Kaloriengehalt bei alkoholischen Getränken.

## Tipps für Einkauf und Ernährung

1
Am gesündesten sind alkohol- und zuckerfreie Getränke. Sie sollten den Hauptteil der täglichen Flüssigkeitszufuhr ausmachen.

2
Bier ist durch seinen Gehalt an Alkohol und Kohlenhydraten sehr kalorienreich. Die wenigsten Kalorien enthalten Einfach- und Schankbiere, die meisten dagegen Starkbiere. Auch Diätbier (hoher Alkoholgehalt, wenig Kohlenhydrate) ist sehr kalorienreich. Etwas weniger Kalorien sind in alkoholfreiem Bier enthalten. Ferner fördert Bier durch seinen Gehalt an östrogenen Substanzen aus dem Hopfen vor allem bei Männern den Fettansatz an Bauch und Brust.

3
Ein Liter Wein deckt den halben Tagesbedarf an Kalorien. Liebliche Weine und Süßweine sind durch einen hohen Restzuckergehalt besonders kalorienreich.

4
Branntweine, Liköre und alkoholhaltige Mischgetränke (z. B. Cocktails, Longdrinks, Punsch oder Mixgetränke) sind immer Kalorienbomben und sollten nur selten genossen werden.

5
Mineralwasser, Tee und Kaffee (ohne Zucker, Milch und Sahne) sind praktisch kalorienfreie Getränke.

**Achtung Kalorienfalle: Fruchtsaftgetränke**

Besonders kalorienreich und daher zu meiden sind: Fruchtnektar, Fruchtsaftgetränke, Limonaden, Brausen. Mit einem Zuckergehalt von 8 bis 11 Prozent und einer großen Trinkmenge können solche Getränke die Kalorienbilanz beträchtlich nach oben treiben.

Meist enthalten solche Getränke noch eine Reihe von Zusatzstoffen wie Farb-, Geschmacks- und Aromastoffe.

6
Ungesüßte und unverdünnte trinkfertige Fruchtsäfte – selbst mit der Bezeichnung »ohne Zuckerzusatz« – enthalten oft beachtliche Mengen an Zucker aus dem Obst (siehe Kapitel »Obst und Obstwaren«). Lediglich eine Korrekturzuckerung unterblieb.

| Lebensmittel (pro 100 g verzehrbarer Anteil) | Kilokalorie (kcal) | Kilojoule (kJ) | Eiweiß g | Fett g | mehrfach ungesättigte Fettsäuren g | Kohlenhydrate g | Ballaststoffe g |
|---|---|---|---|---|---|---|---|
| **1. Getränke ohne Alkohol**** | | | | | | | |
| **Getränke auf Fruchtbasis und süße Erfrischungsgetränke** | | | | | | | |
| Apfelsaft, Handelsware | 46 | 193 | 0,1 | 0,1 | + | 11,0 | 0,2 |
| Apfelsaft, fruchttrüb | 48 | 201 | – | – | + | 11,0 | – |
| Apfel-Acerola-Saft | 46 | 193 | 0,9 | 0,4 | + | 11,0 | 0,4 |
| Apfelsinensaft – (Orangensaft) | 39 | 163 | + | + | + | 9,0 | + |
| Apfelsinensaft, – Handelsware | 43 | 180 | 0,7 | 0,2 | + | 9,0 | 0,2 |
| Colagetränk | 58 | 243 | 3,3 | 0 | 0 | 10,9 | 0 |
| Fruchtsaftgetränke i. D. | 51 | 213 | 0 | 0 | 0 | 12,0 | 0 |
| Grapefruitgetränk, Diät- | 26 | 109 | 0 | 0 | 0 | 5,8 | – |
| Grapefruitsaft, – Handelsware | 41 | 172 | + | + | + | 9,0 | + |
| Johannisbeersaft, – schwarz | 43 | 180 | 1,3 | 0,2 | + | 6,5 | 0,1 |
| Limonade i. D. | 49 | 206 | 0 | 0 | 0 | 12,0 | 0 |
| Pflaumensaft | 69 | 290 | + | + | + | 14,0 | – |
| Sauerkirsch-Acerola- – Nektar | 57 | 239 | 0,6 | 0,3 | – | 13,5 | – |
| Traubensaft, – Handelsware | 65 | 272 | + | + | + | 15,5 | + |
| Zitronenlimonade, light | 7 | 29 | 0 | 0 | 0 | 1,5 | 0 |
| Zitronensaft, – Handelsware | 26 | 109 | + | + | + | 1,8 | 0 |
| **Getränke auf Gemüsebasis*** | | | | | | | |
| Gemüsesaft | 13 | 54 | 0,8 | 0,07 | – | 2,4 | 0,8 |
| Gemüsesaft | 14 | 59 | – | – | – | 2,5 | – |
| Gemüsesaft | 17 | 71 | – | – | – | 3,0 | – |
| Gemüsemix | 22 | 92 | – | – | – | 4,2 | – |

| Lebensmittel (pro 100 g verzehrbarer Anteil) | Kilokalorie (kcal) | Kilojoule (kJ) | Eiweiß g | Fett g | mehrfach ungesättigte Fettsäuren g | Kohlenhydrate g | Ballaststoffe g |
|---|---|---|---|---|---|---|---|
| Karottennektar | 29 | 121 | – | – | + | 6,8 | – |
| Karottensaft, ungesüßt | 22 | 92 | 0,6 | + | + | 4,8 | + |
| Rote-Bete-Saft | 35 | 147 | – | – | + | 7,5 | – |
| Sauerkrautsaft | 12 | 50 | – | – | – | 1,5 | – |
| Spinatsaft | 9 | 38 | 1,4 | 0,1 | + | 0,5 | – |
| Tomatensaft | 17 | 71 | 0,8 | 0,1 | + | 2,9 | 0,1 |
| Tomatensaft | 14 | 59 | 0,8 | 0,06 | + | 2,6 | 0,8 |

**Zeichenerklärung:**

– keine Daten verfügbar

+ in Spuren

i. D. im Durchschnitt

* Die unterschiedlichen Werte für die Nährwertangaben des gleichen Produktes (z. B. Gemüsesaft) beruhen auf den Angaben verschiedener Hersteller.

** Frucht- und Gemüsegetränke enthalten einen nicht unerheblichen Anteil an Fruchtsäuren, die beim Kaloriengehalt mit berücksichtigt wurden, aber nicht in einer eigenen Spalte aufgeführt sind.

| Lebensmittel (pro 100 g verzehrbarer Anteil) | Vol. % Alk. (mg/100 ml) | Alkohol g | Kohlenhydrate g | Kilokalorie (kcal) | Kilojoule (kJ) |
|---|---|---|---|---|---|
| **2. Getränke mit Alkohol** | | | | | |
| **Biere**)** | | | | | |
| Alkoholarmes Bier | bis 0,6 | bis 0,5 | 5,4 | 28 | 117 |
| Leichtbier, untergärig | 2,5–3,0 | 2,0–2,8 | 2,0 | 29 | 121 |
| Diät-Vollbier | 5 | 4,0 | 0,9 | 33 | 138 |
| Altbier | 5 | 4,0 | 3,2 | 43 | 180 |
| Bockbier | 7 | 5,5 | 5,0 | 62 | 259 |
| Doppelbockbier | 8 | 6,3 | 5,5 | 69 | 289 |
| Einfachbier | 1–2 | 0,8–1,6 | 2,5 | 21 | 88 |
| Exportbier | 5 | 4,0 | 4,3 | 47 | 197 |
| Kölsch | 5 | 4,0 | 3,0 | 42 | 176 |
| Lagerbier | 5 | 4,0 | 3,3 | 43 | 180 |
| Malzbier | bis 0,6 | bis 0,5 | 10,8 | 48 | 201 |
| Nährbier | bis 1,6 | 1,3 | 10,5 | 53 | 222 |
| Pils | 5 | 4,0 | 3,1 | 43 | 180 |
| Weizenbier | 5 | 4,0 | 4,0 | 46 | 193 |

**Hinweis:**
Der Alkoholgehalt bestimmt bei alkoholischen Getränken maßgebend ihren Energiegehalt. Er wird auf den Getränken in Volumenprozent (%-Vol.) angegeben, das bedeutet »Milliliter Alkohol pro 100 Milliliter Getränk«. Der Alkoholgehalt wird also in Milliliter (ml) angegeben, andere Nährstoffgehalte werden in Nährstofftabellen aber stets in Gramm ausgewiesen. Auch die Energieangaben (kcal, kJ) beziehen sich auf das Gewicht und nicht auf das Volumen. Deshalb ist es sinnvoll, auch den Alkoholgehalt in Gramm umzurechnen. Alkohol hat ein anderes spezifisches Gewicht (Dichte) als Wasser, deshalb sind 100 ml Alkohol nicht gleich 100 g, wie es bei Wasser der Fall ist. 1 ml Alkohol wiegt 0,79 g. Ein Likör beispielsweise, der 30 %-Vol. Alkohol enthält, hat also in 100 Milliliter (ml) 30 Milliliter reinen Alkohol, aufgrund des spezifischen Gewichts 23,7 Gramm reinen Alkohol. 1 Gramm Alkohol liefert rund 7 Kilokalorien (kcal). 23,7 g Alkohol aus dem genannten Beispiel entsprechend 166 kcal. Hinzu kommt bei vielen alkoholischen Getränken noch ein beträchlicher Zuckergehalt (Liköre, süße Weine, süßer Sekt etc.). Eiweiß und Fett (auch die mehrfach ungesättigten Fettsäuren) spielen nur bei wenigen Alkoholika eine Rolle (Eierlikör, Sahne-Cream-Likör), deshalb wurde hier auf diese Spalten verzichtet.

| Lebensmittel (pro 100 g verzehrbarer Anteil) | Vol. % Alk. (mg/100ml) | Alkohol g | Kohlenhydrate g | Kilokalorie (kcal) | Kilojoule (kJ) |
|---|---|---|---|---|---|
| **Weine und weinhaltige Getränke**)** | | | | | |
| Apfelwein, trocken | 5 | 4,0 | 2,6 | 45 | 188 |
| Dessertwein i. D. | 14 | 11,0 | 14,0 | 133 | 556 |
| Fruchtdessertwein | 13–14 | 10,3–11,0 | 12,0 | 127 | 531 |
| Fruchtwein i. D. | 8–10 | 6,3–7,9 | 5,0 | 75 | 314 |
| Glühwein | 9 | 7,0 | 8,5 | 83 | 347 |
| Portwein i. D. | 19,5 | 15,4 | 6,5 | 134 | 561 |
| Madeira | 18 | 14,2 | 4,0 | 65 | 272 |
| Malaga | 12 | 9,5 | 18,0 | 138 | 577 |
| Marsala | 12 | 9,5 | 4,0 | 82 | 343 |
| Reiswein, asiatisch | 14 | 11,0 | 4,0 | 94 | 393 |
| Roséwein | 10 | 7,9 | 3,9 | 72 | 301 |
| Rotwein, leicht | 10 | 7,9 | 2,2 | 65 | 272 |
| – trocken | 12 | 9,5 | 0,5 | 69 | 289 |
| – trocken, schwer | 12 | 9,5 | 2,2 | 76 | 318 |
| Sangria | 11–12 | 8,7–9,5 | 6,5 | 90 | 377 |
| Sherry, trocken | 17 | 13,4 | 4,0 | 110 | 460 |
| – mild | 20 | 15,8 | 6,0 | 135 | 565 |
| Tokayer | 18 | 14,2 | 14,0 | 155 | 649 |
| Valpolicella | 12 | 9,5 | 2,0 | 73 | 305 |
| Vernatsch, Südtiroler | 12 | 9,5 | 2,0 | 73 | 305 |
| Weißwein, | 12 | 9,5 | 3,0 | 79 | 331 |
| – trocken | 10,5 | 8,3 | bis 2,6 | 69 | 289 |
| – halbtrocken | 10 | 7,9 | bis 2,6 | 66 | 276 |
| – lieblich | 8–9 | 6,6–7,1 | 3,0 | 62 | 259 |
| Wermut, trocken | 15 | 11,9 | 10,0 | 123 | 515 |
| – süß | 18 | 14,2 | 13,2 | 155 | 649 |
| **Sekt und Schaumweine** | | | | | |
| Asti spumante | 8 | 6,3 | 11,0 | 88 | 368 |
| Champagner | 12 | 9,5 | 4,0 | 83 | 347 |
| Sekt, trocken | 11 | 8,7 | 3,5 | 75 | 314 |
| Sekt, lieblich | 11 | 9,0 | 11,0 | 107 | 448 |
| Diabetiker-Sekt | 11 | 9,0 | 2,0 | 71 | 297 |

| Lebensmittel (pro 100 g verzehrbarer Anteil) | Vol. % Alk. (mg/100 ml) | Alkohol g | Kohlenhydrate g | Kilokalorie (kcal) | Kilojoule (kJ) |
|---|---|---|---|---|---|
| **Spirituosen** | | | | | |
| Advocaat Eierlikör*** | 20 | 14,5 | 26,7 | 277 | 1159 |
| Angostura Bitter | 44 | 34,8 | 0 | 243 | 1017 |
| Anisette | 25 | 19,8 | 47,0 | 330 | 1381 |
| Apfelkorn | 20 | 15,8 | 19,4 | 201 | 841 |
| Apfelschnaps | 21 | 16,6 | 23,9 | 213 | 891 |
| Apricot Brandy | 29 | 22,9 | 32,1 | 291 | 1218 |
| Aquavit | 38 | 30,0 | 0 | 210 | 879 |
| Aquavit | 40 | 31,6 | 0 | 221 | 925 |
| Arrak | 38 | 30,0 | 0 | 210 | 879 |
| Bacardi | 45 | 35,6 | 0 | 249 | 1042 |
| Bananenlikör, gelb | 29 | 22,9 | 39,0 | 322 | 1347 |
| Bananenlikör, grün | 22 | 17,4 | 32,4 | 254 | 1063 |
| Birnenschnaps | 40 | 31,6 | 0 | 221 | 925 |
| Boonekamp | 40 | 31,6 | 0,8 | 225 | 941 |
| Bommerlunder | 38 | 30,0 | 0 | 210 | 879 |
| Branntwein (Klarer) | 32 | 25,3 | 0 | 177 | 741 |
| Branntwein (Klarer) | 38 | 30,0 | 0 | 210 | 879 |
| Calvados | 42 | 33,2 | 0 | 232 | 971 |
| Campari Bitter | 25 | 19,7 | 25,0 | 238 | 996 |
| Chantré | 36 | 28,4 | 1,4 | 205 | 858 |
| Chantré Cream*** | 15 | 11,9 | 31,0 | 255 | 1067 |
| Cherry Brandy | 24 | 19,0 | 34,2 | 272 | 1138 |
| Cocoslikör | 24 | 19,0 | 22,2 | 223 | 933 |
| Coffee Likör | 25 | 19,8 | 31,9 | 268 | 1121 |
| Cognac | 40 | 31,6 | 0 | 221 | 925 |
| Cointreau | 40 | 31,6 | 30,0 | 341 | 1427 |
| Crème de Banane | 29 | 22,9 | 39,7 | 322 | 1347 |
| – de Cacao, braun | 27 | 21,3 | 45,8 | 336 | 1406 |
| – de Cacao, weiß | 27 | 21,3 | 40,0 | 312 | 1305 |
| – de Cassis | 16 | 12,6 | 40,0 | 248 | 1038 |
| Curaçao-Blue | 30 | 23,7 | 35,1 | 309 | 1293 |
| Curaçao-Triple Sec | 39 | 30,8 | 30,5 | 336 | 1409 |
| Doppelkorn | 38 | 30,0 | 0 | 210 | 879 |
| Dry Gin | 37,5 | 29,6 | 0 | 201 | 866 |
| Edelkirsch | 25 | 19,8 | 38,5 | 295 | 1235 |
| Edelkirsch Cream*** | 15 | 11,9 | 37,0 | 270 | 1130 |

| Lebensmittel (pro 100 g verzehrbarer Anteil) | Vol. % Alk. (mg/100 ml) | Alkohol g | Kohlenhydrate g | Kilokalorie (kcal) | Kilojoule (kJ) |
|---|---|---|---|---|---|
| Eierlikör | 20 | 15,8 | 20,0 | 285 | 1192 |
| Fruchtlikör i. D. | 30 | 23,7 | 30,0 | 286 | 1197 |
| Gin | 45 | 35,6 | 0 | 249 | 1042 |
| Grand Marnier | 40 | 31,6 | 30,0 | 341 | 1427 |
| Grappa | 40 | 31,6 | 0 | 221 | 925 |
| Grappa | 45 | 35,6 | 0 | 249 | 1042 |
| Himbeergeist | 37,5 | 29,6 | 0 | 207 | 867 |
| Himbeergeist | 40 | 31,6 | 0 | 221 | 925 |
| Honiglikör | 30 | 23,7 | 31,6 | 292 | 1222 |
| Kirschlikör | 21 | 16,6 | 24,8 | 217 | 908 |
| Kirschwasser | 40 | 31,6 | 0 | 221 | 925 |
| Kiwi Wonder | 20 | 15,8 | 22,2 | 201 | 841 |
| Klarer (Korn), | 32 | 25,3 | 0 | 177 | 741 |
| – Doppelkorn | 38 | 30,0 | 0 | 210 | 879 |
| Kräuterlikör | 50 | 39,5 | – | 277 | 1159 |
| Kräuterlikör | 32 | 25,3 | 15,0 | 237 | 992 |
| Kümmel | 30 | 23,7 | 30,0 | 286 | 1197 |
| Mandarinenlikör | 29 | 22,9 | 30,6 | 284 | 1188 |
| Maraschino | 30 | 23,7 | 41,5 | 335 | 1402 |
| Obstler | 45 | 35,6 | 0 | 249 | 1042 |
| Orangen Bitter | 39 | 30,8 | 3,2 | 229 | 958 |
| Orangenlikör | 24 | 19,0 | 25,5 | 237 | 992 |
| Ouzo | 40 | 31,6 | 0 | 221 | 925 |
| Pfefferminzlikör | 30 | 23,7 | 45,0 | 391 | 1636 |
| Pfirsichlikör | 18 | 14,2 | 24,0 | 195 | 816 |
| Rum, | | | | | |
| – braun | 40 | 31,6 | 0 | 221 | 925 |
| – braun | 54 | 42,7 | 0 | 299 | 1251 |
| – Strohrum | 80 | 63,2 | 0 | 442 | 1849 |
| – weiß | 37,5 | 29,6 | 0 | 207 | 866 |
| Samba | 21 | 16,6 | 25,2 | 217 | 908 |
| Sambucca | 40 | 31,6 | 0 | 221 | 925 |
| Schokogeheimnis*** | 15 | 11,9 | 38,3 | 236 | 987 |
| Tequila | 38 | 30,0 | 0 | 210 | 879 |
| Underberg | 44 | 34,8 | 32,0 | 371 | 1552 |
| Vanillegeheimnis*** | 15 | 11,9 | 40,2 | 244 | 1021 |

TopVital

| Lebensmittel (pro 100 g verzehrbarer Anteil) | Vol. % Alk. (mg/100 ml) | Alkohol g | Kohlenhydrate g | Kilokalorie (kcal) | Kilojoule (kJ) |
|---|---|---|---|---|---|
| Wacholder | 32 | 25,3 | 0 | 177 | 741 |
| Weinbrand | 38 | 30,0 | 2,0 | 218 | 912 |
| Weizenkorn | 32 | 25,3 | 0 | 177 | 741 |
| Williams Christ | 37,5 | 29,6 | 0 | 207 | 866 |
| Williams Christ | 40 | 31,6 | 0 | 221 | 925 |
| Whiskey, Irish | 45 | 35,6 | 0 | 249 | 1042 |
| Whisky, Scotch | 43 | 34,0 | + | 238 | 996 |
| Wodka | 37,5 | 29,6 | 0 | 208 | 870 |
| Wodka | 40 | 31,6 | 0 | 222 | 929 |
| Zwetschgenwasser | 40 | 31,6 | 0 | 221 | 925 |

**Zeichenerklärung:**

– keine Daten verfügbar

\+ in Spuren

i. D. im Durchschnitt

* Der Kohlenhydratgehalt ist bei den meisten Alkoholika praktisch identisch mit dem Extrakt. Der Extrakt beinhaltet alle nicht verdampfbaren Substanzen, also Kohlenhydrate, Eiweiß, Fett, teilweise organische Säuren und die Mineralstoffe. Außer den Kohlenhydraten spielen nur Eiweiß und Fett für den Energiegehalt eine Rolle, und dies auch nur bei Bier und bei einigen Likören.

** Biere und Weine enthalten geringe Mengen Eiweiß. Der Eiweißgehalt reicht von 0,1 g bei Einfachbier bis 0,8 g pro 100 g bei Doppelbockbier. Im Durchschnitt enthält Bier 0,5 g Eiweiß pro 100 g. Wein enthält pro 100 g nur 0,1 bis 0,2 g Eiweiß.

*** Sahne- und Creamliköre enthalten außer Alkohol und Zucker auch nennenswerte Mengen an Eiweiß und Fett, im Durchschnitt 2,1 Prozent Eiweiß und 8,1 Prozent Fett. Eierlikör ist aufgrund des hohen Eigelbanteils reich an Cholesterin.

# Party- und Freizeitsnacks, Fast Food und süße Knabbereien

Die folgenden Produkte werden gerne »so nebenbei« auf Partys und in der Freizeit gegessen. Meist handelt es sich um jeweils kleine Portionen, deren Kaloriengehalt oft unterschätzt wird. Wer solche Verführer regelmäßig zusätzlich zu den normalen Mahlzeiten konsumiert, braucht sich langfristig über Übergewicht nicht zu wundern. Werden solche »Sünden« bei ansonsten ausgewogener Ernährung nur gelegentlich »begangen«, so hat das meist keine bleibenden Folgen für das Körpergewicht, kann aber erheblich zu Lebensgenuss und Lebensfreude beitragen.

| Lebensmittel (pro 100 g verzehrbarer Anteil) | Kilokalorie (kcal) | Kilojoule (kJ) | Eiweiß g | Fett g | mehrfach ungesättigte Fettsäuren g | Kohlenhydrate g | Ballaststoffe g |
|---|---|---|---|---|---|---|---|
| **Party- und Freizeitsnacks**** | | | | | | | |
| **Nahrungsmittel** | | | | | | | |
| After Eight, 1 Täfelchen = 8 g | 35 | 145 | + | 1,0 | – | 6,0 | – |
| Ananasring, groß, 70 g (Dose) | 59 | 247 | 0,3 | 0,1 | – | 14,1 | 0,7 |
| Apfelkuchen, Hefeteig, 1 Stück =100 g | 140 | 586 | 3,0 | 3,0 | – | 23,0 | – |
| Apfelkuchen, Rührteig, 1 Stück = 100 g | 270 | 1130 | 5,0 | 12,0 | – | 34,0 | 5,0 |
| Apfelstrudel, 150 g | 235 | 983 | 3,0 | 7,0 | – | 36,0 | – |
| Apfeltasche, ca. 85 g | 245 | 1025 | 1,9 | 13,2 | – | 27,8 | – |
| Apfeltorte, gedeckt, Mürbteig, 100 g | 216 | 904 | 2,7 | 7,5 | 1,9 | 31,2 | 1,9 |
| Baiser, 25 g | 110 | 460 | 1,0 | 0 | 0 | 20,0 | 0 |
| Bienenstich, 75 g | 220 | 920 | 4,0 | 11,0 | – | 25,0 | 2,0 |
| Big Mäc, ca. 200 g | 534 | 2234 | 27,0 | 28,8 | – | 37,9 | – |
| Biskuitrolle mit Erdbeersahne, 60 g | 130 | 544 | 2,0 | 7,0 | – | 14,0 | – |
| Bockwurst, 115 g (Dose) | 319 | 1333 | 14,1 | 29,1 | – | + | + |
| mit Brötchen | 455 | 1904 | 18,3 | 29,9 | + | 27,8 | 1,5 |
| Bounty, 1 Doppelriegel = 57 g | 279 | 1130 | 2,0 | 15,0 | – | 32,0 | – |
| Bratwurst (Kalb), 80 g | 213 | 891 | 8,2 | 20,0 | – | + | 0 |
| mit Brötchen | 349 | 1460 | 12,4 | 20,9 | + | 27,8 | 1,5 |
| Bratwurst, Nürnberger, 35 g | 104 | 436 | 3,4 | 10,1 | 1,2 | + | – |
| Bratwurst (Schwein), 80 g | 238 | 997 | 7,8 | 23,0 | 2,8 | + | – |
| mit Brötchen | 374 | 1565 | 12,0 | 24,0 | 3,0 | 27,8 | 1,5 |
| Butter, 1 Hotelportion = 20 g | 151 | 631 | 0,1 | 16,6 | 0,6 | 0,1 | 0 |
| Buttercremetorte i. D., 120 g | 410 | 1715 | 4,0 | 25,0 | – | 38,0 | + |
| Butterkeks, 10 g | 42 | 176 | 0,8 | 1,0 | 0,1 | 7,5 | 0,3 |
| Camembert, 45 % F. i. Tr., 1 Portion = 61,5 g | 173 | 723 | 1,3 | 13,4 | 0,6 | 0 | 0 |

| Lebensmittel (pro 100 g verzehrbarer Anteil) | Kilokalorie (kcal) | Kilojoule (kJ) | Eiweiß g | Fett g | mehrfach ungesättigte Fettsäuren g | Kohlenhydrate g | Ballaststoffe g |
|---|---|---|---|---|---|---|---|
| Cashewkerne, 5 Stück = 4 g | 23 | 95 | 0,7 | 1,7 | 0,3 | 1,6 | 0,1 |
| Cheeseburger, Stück = ca. 120 g | 318 | 1331 | 16,6 | 14,0 | – | 29,4 | – |
| Chefsalat, 1 Portion = ca. 160 g | 104 | 435 | 11,1 | 5,6 | – | 2,3 | – |
| Chicken McNuggets, kleine Portion, ca. 100 g | 260 | 1088 | 19,3 | 16,1 | – | 7,7 | – |
| Cocktailwürstchen (Dose), 10 g | 30 | 126 | 1,0 | 2,0 | – | + | 0 |
| Cornichon (Pfeffergürkchen), Stück = 5 g | 1 | 4 | 0 | 0 | 0 | + | + |
| Crème fraîche, 1 EL = 25 g | 80 | 333 | 0,8 | 8,0 | + | 0,9 | 0 |
| Donauwellen, 100 g | 310 | 1297 | 4,0 | 16,0 | – | 33,0 | + |
| Doppelkeks mit Schokofüllung, 25 g | 130 | 544 | 1,0 | 6,0 | – | 17,0 | – |
| Duplo, 1 Riegel = 18 g | 100 | 418 | 1,0 | 6,0 | – | 10,0 | – |
| Ei, ½, gefüllt | 65 | 272 | 3,0 | 5,0 | – | 2,0 | – |
| Eiscreme, 1 Kugel = 40 g | 67 | 279 | 1,2 | 4,0 | – | 6,0 | 0 |
| Erdnüsse, geröstet, 1 EL = 10 g | 59 | 245 | 2,6 | 4,9 | – | 0,9 | 1,1 |
| Erdnussflips, 10 g | 52 | 218 | 1,3 | 2,8 | – | 3,5 | – |
| Ferrero Küsschen, 1 Stück = 9 g | 55 | 230 | 1,0 | 4,0 | – | 3,0 | – |
| Ferrero Rocher, 1 Stück = 13 g, | 70 | 290 | 1,0 | 5,0 | – | 5,0 | – |
| Fischmäc, ca. 140 g | 410 | 1715 | 14,3 | 24,5 | – | 30,1 | – |
| Fleischsalat i. D., 100 g | 316 | 1322 | 4,4 | 31,5 | – | 1,3 | + |
| Forellenfilet, geräuchert, ohne Haut, 70 g | 86 | 360 | 15,3 | 2,5 | – | 0 | 0 |
| Frankfurter Kranz, 55 g | 200 | 837 | 2,0 | 12,0 | – | 17,0 | + |
| Frikadelle, 100 g | 200 | 837 | 15,3 | 14,7 | – | 4,0 | – |
| mit Brötchen* (50 g) | 336 | 1406 | 19,5 | 15,6 | – | 31,8 | – |
| Fruchtzwerg, 1 Becher = 50 g | 63 | 262 | 5,0 | 4,0 | – | 6,5 | + |
| Giotto, 1 Stück = 4,5 g | 30 | 115 | 1,0 | 2,0 | – | 1,0 | – |

TopVital

| Lebensmittel (pro 100 g verzehrbarer Anteil) | Kilokalorie (kcal) | Kilojoule (kJ) | Eiweiß g | Fett g | mehrfach ungesättigte Fettsäuren g | Kohlenhydrate g | Ballaststoffe g |
|---|---|---|---|---|---|---|---|
| Gulaschsuppe, 1 Teller = 250 ml (Dose) | 138 | 575 | 5,0 | 7,5 | 0,8 | 12,5 | – |
| Gulaschsuppe, 1 Teller = 250 ml (Päckchen) | 123 | 513 | 4,5 | 6,8 | – | 10,0 | + |
| Gummibärchen, 1 Stück = 2 g | 7 | 30 | + | 0 | 0 | 1,7 | – |
| Hamburger Royal mit Käse, ca. 200 g | 510 | 2134 | 29,5 | 28,6 | – | 29,9 | – |
| Hamburger, 1 Stück = ca. 100 g | 260 | 1088 | 13,3 | 9,7 | – | 28,9 | – |
| Hanuta, 1 Stück = 23 g | 120 | 515 | 2,0 | 8,0 | – | 12,0 | – |
| Hawaii-Toast (Schinken, Ananas, Käse), 115 g | 238 | 996 | 14,9 | 11,1 | + | 26,1 | + |
| Honig**, 1 Hotelportion = 20 g | 65 | 272 | 0,06 | 0 | 0 | 16,2 | 0 |
| Honigmelone, 1 Spalte = 100 g Fruchtfleisch | 54 | 226 | 0,9 | 0,1 | – | 12,4 | 0,7 |
| Kartoffelchips, 15 g | 81 | 338 | 0,8 | 5,9 | + | 6,1 | – |
| Kartoffelsalat mit Essig und Öl, 1 EL = 50 g | 54 | 224 | 0,9 | 2,6 | + | 6,4 | + |
| Kartoffelsalat mit Gurke und Ei, 1 EL = 50 g | 79 | 328 | 1,2 | 5,5 | + | 5,6 | + |
| Kartoffelsalat mit Mayonnaise, 1 EL = 50 g | 120 | 502 | 2,0 | 8,0 | + | 8,0 | 0,5 |
| Käsekuchen (TK), 100 g | 230 | 965 | 9,0 | 8,0 | 0,8 | 30,0 | – |
| Käsesahnetorte, 120 g | 315 | 1318 | 9,0 | 14,0 | – | 34,0 | – |
| Käse, Edamer, 40 % F. i. Tr., 1 Scheibe = 25 g | 76 | 317 | 6,2 | 5,6 | 0,3 | 0 | 0 |
| Käsewürfel (Emmentaler), 10 g | 39 | 163 | 2,9 | 3,0 | 0,1 | 0 | 0 |
| Kinderschokolade, 1 Riegel = 12,5 g | 75 | 314 | 1,0 | 4,0 | – | 7,0 | – |
| Kinder-Überraschungsei, 1 Stück = 21 g | 115 | 485 | 2,0 | 7,0 | – | 11,0 | – |
| Konfitüre**, 1 Hotelportion = 20 g | 55 | 228 | 0,1 | 0 | 0 | 13,2 | 0,8 |

| Lebensmittel (pro 100 g verzehrbarer Anteil) | Kilokalorie (kcal) | Kilojoule (kJ) | Eiweiß g | Fett g | mehrfach ungesättigte Fettsäuren g | Kohlenhydrate g | Ballaststoffe g |
|---|---|---|---|---|---|---|---|
| Knäckebrot, 1 Scheibe = 10 g | 32 | 133 | 1,0 | 1,5 | – | 6,6 | 1,4 |
| Kräcker, 1 Stück = 5 g | 20 | 84 | 1,0 | + | – | 4,0 | – |
| Lachsschinken, 1 Scheibe = 15 g | 20 | 84 | 4,0 | 1,0 | – | – | 0 |
| Laugenbrezel, 1 Stück = 50 g | 113 | 473 | 3,6 | 0,9 | 0,3 | 28,6 | 1,0 |
| Löffelbisquit, 1 Stück = 5 g | 20 | 85 | 0,4 | 0,3 | + | 4,1 | + |
| Mandeln, 10 Stück = 15 g | 86 | 361 | 2,9 | 8,1 | 1,5 | 0,6 | 2,3 |
| Marmorkuchen, 70 g | 265 | 1109 | 5,0 | 12,0 | – | 33,0 | – |
| Mars, 1 kleiner Riege = 50 g | 225 | 945 | 2,0 | 9,0 | – | 35,0 | – |
| Marzipankartoffel, 1 Stück = 5 g | 25 | 105 | + | 1,0 | – | 3,0 | – |
| Matjesfilet, 1 Stück = 70 g | 187 | 782 | 11,2 | 15,8 | 3,5 | – | – |
| Mayonnaise, 80 % Öl, Portionsbeutel = 15 g | 113 | 472 | 11,2 | 15,8 | 3,5 | – | – |
| McRib, ca. 230 g | 410 | 1715 | 29,1 | 23,0 | – | 49,1 | – |
| Merci Vielfalt, 1 Stück = 16 g (i. D.) | 90 | 375 | 1,0 | 6,0 | – | 8,0 | + |
| Mexicana-Salat, ca. 180 g | 81 | 339 | 8,1 | 0,9 | – | 9,5 | – |
| Milchschnitte, 1 Stück = 28 g | 115 | 510 | 3,0 | 7,0 | – | 10,0 | – |
| Milchshake, 300 ml, Erdbeer | 380 | 1590 | 9,7 | 8,8 | – | 63,1 | – |
| Milchshake, 300 ml, Schoko | 346 | 1448 | 11,2 | 10,3 | – | 49,7 | – |
| Milchshake, 300 ml, Vanille | 373 | 1561 | 9,7 | 8,9 | – | 61,1 | – |
| Milka Lila-Pause-Riegel, Nuss, 37 g | 190 | 790 | 2,0 | 13,0 | – | 17,0 | – |
| Milka Lila-Pause-Riegel, Erdbeer, 37 g | 205 | 860 | 2,0 | 13,0 | – | 19,0 | – |
| Milky-Way, 1 Riegel= 26 g | 115 | 490 | 1,0 | 4,0 | – | 19,0 | – |
| Mon cheri, 1 Stück = 11g | 55 | 230 | + | 2,0 | – | 6,0 | – |
| Mousse au chocolat (75 g) | 107 | 448 | 3,2 | 2,6 | – | 17,9 | – |
| Nuss-Nugat-Creme, 1 Portion = 20 g | 106 | 444 | 1,4 | 6,0 | – | 10,8 | – |
| Nusstorte, 100 g | 420 | 1757 | 8,0 | 24,0 | – | 43,0 | – |

| Lebensmittel (pro 100 g verzehrbarer Anteil) | Kilokalorie (kcal) | Kilojoule (kJ) | Eiweiß g | Fett g | mehrfach ungesättigte Fettsäuren g | Kohlenhydrate g | Ballaststoffe g |
|---|---|---|---|---|---|---|---|
| Obstkuchen (Biskuitteig), 130 g | 290 | 1213 | 6,0 | 14,0 | – | 31,0 | – |
| Obstkuchen (Hefeteig), 100 g | 170 | 711 | 2,0 | 4,0 | – | 28,0 | – |
| Olive, grün, klein, mit Paprika, 3 g | 4 | 17 | + | 0,4 | + | + | + |
| Olive, schwarz, 5 g | 18 | 74 | 0,1 | 1,8 | + | 0,2 | + |
| Paranüsse, 3 Stück = 18 g | 53 | 222 | 2,5 | 12,1 | 4,5 | 0,6 | 1,2 |
| Perlzwiebel, 3 Stück = 6 g | 1 | 5 | + | – | – | + | + |
| Pizza, ganz, 300 g (TK, Salami, Käse) | 580 | 2425 | 21,0 | 15,0 | – | 90,0 | – |
| Pizza, 1 Viertel =75 g (TK, Salami, Käse) | 145 | 607 | 5,3 | 3,8 | – | 22,5 | – |
| Pommes frites, 100 g, | | | | | | | |
| ohne Sauce | 348 | 1456 | 3,5 | 16,2 | – | 44,6 | 4,0 |
| mit 20 g Tomatenketchup | 369 | 1546 | 3,9 | 16,2 | – | 49,4 | 4,1 |
| mit 20 g Mayonnaise, 80 % Öl | 498 | 2085 | 3,7 | 32,5 | – | 45,2 | 4,0 |
| Praline i. D., 12 g | 55 | 230 | 1,0 | 2,0 | – | 8,0 | 0 |
| Praline, herzförmig, Nuss-Nugat, 6,25 g | 35 | 146 | 0,4 | 2,2 | – | 3,4 | – |
| Pumpernickel, 1 kleine runde Scheibe, 20 g | 36 | 152 | 1,4 | 0,2 | 0,1 | 7,3 | 1,9 |
| Pumpernickel, 1 normale Scheibe, 50 g | 91 | 381 | 3,4 | 0,5 | 0,3 | 18,3 | 4,7 |
| Radieschen, 1 Stück = 10 g | 1 | 4 | 0,1 | + | + | 0,2 | 0,1 |
| Raffaello Praline, 1 Stck. = 10 g | 60 | 250 | 1,0 | 5,0 | – | 4,0 | – |
| Rollmops, 1 Stück = 50 g | 110 | 460 | 9,0 | 7,0 | – | + | + |
| Russisch Ei, 50 g | 125 | 521 | 2,5 | 11,4 | – | 1,7 | – |
| Sahne-Torte, 1 Stück i. D. | 365 | 1527 | 5,0 | 25,0 | | 30,0 | – |
| Salamibrötchen (30 g Belag)* | 251 | 1050 | 9,7 | 10,9 | 1,7 | 27,8 | 1,5 |
| Salzmandel, 1,5 g | 10 | 42 | + | 1,0 | + | + | + |
| Salzstangen, 2 Stück = 1 g | 4 | 17 | 0,1 | 0,5 | – | 0,8 | – |

| Lebensmittel (pro 100 g verzehrbarer Anteil) | Kilokalorie (kcal) | Kilojoule (kJ) | Eiweiß g | Fett g | mehrfach ungesättigte Fettsäuren g | Kohlenhydrate g | Ballaststoffe g |
|---|---|---|---|---|---|---|---|
| Sardellenfilet, 5 g | 15 | 63 | 2,0 | 1,0 | – | + | 0 |
| Scheiblette, 45 % F. i. Tr., 1 Scheibe = 20 g | 60 | 249 | 4,0 | 4,8 | + | 0 | 0 |
| Schinkenbrötchen (60 g gekochter Schinken)* | 226 | 946 | 22,0 | 2,7 | 0,3 | 27,8 | 1,5 |
| Schlagsahne, 1 Portion = 50 g | 147 | 613 | 1,3 | 15,0 | 0,5 | 1,6 | 0 |
| Schokokuss, Dickmanns, 1 Stück = 28 g | 110 | 460 | 1,0 | 3,0 | – | 19,0 | – |
| Schokopudding mit Sahne, 200 g | 322 | 1347 | 5,8 | 17,2 | – | 35,8 | + |
| Schokolade, Vollmilch-, 1 Riegel, 20 g, | 108 | 453 | 1,6 | 6,0 | + | 11,2 | – |
| Schwarzwälder Kirschtorte, 140 g | 440 | 1841 | 5,0 | 20,0 | – | 55,0 | - |
| Senffrüchte, 1 EL = 25 g | 30 | 126 | 1,0 | + | – | 5,0 | – |
| Snickers 1 kleiner Riegel = 60 g | 300 | 1245 | 6,0 | 16,0 | – | 32,0 | – |
| Softeis mit Karamelsauce, ca. 140 g | 205 | 858 | 6,2 | 6,4 | – | 29,4 | – |
| Studentenfutter, 1 EL = 20 g | 95 | 397 | 2,0 | 5,0 | – | 11,0 | – |
| Tiramisu, 1 Becher = 75 g | 229 | 958 | 3,5 | 13,4 | – | 20,1 | – |
| Toastbrot, 1 Scheibe = 25 g | 64 | 269 | 1,7 | 1,1 | + | 13,9 | 0,8 |
| Toffifee, 1 Stück = 8 g | 45 | 185 | 1,0 | 3,0 | – | 5,0 | – |
| Tomate, gefüllt mit Fleischsalat, 75 g | 90 | 377 | 1,5 | 7,5 | – | 3,0 | + |
| Tomatenketchup, Portionsbeutel = 20 g | 21 | 90 | 0,4 | + | – | 5,6 | – |
| Tsatsiki, 100 g | 222 | 929 | 4,5 | 18,9 | – | 6,6 | + |
| Twix, 1 Riegel/2 Finger = 58 g | 285 | 1195 | 3,0 | 14,0 | – | 37,0 | – |
| Waffelröllchen, gefüllt, 1 Stück = 8 g | 45 | 190 | 0,6 | 2,7 | – | 4,4 | – |
| Waldorfsalat, 1 geh. EL = 50 g | 185 | 774 | 1,0 | 18,0 | – | 4,0 | – |

| Lebensmittel (pro 100 g verzehrbarer Anteil) | Kilokalorie (kcal) | Kilojoule (kJ) | Eiweiß g | Fett g | mehrfach ungesättigte Fettsäuren g | Kohlenhydrate g | Ballaststoffe g |
|---|---|---|---|---|---|---|---|
| Waldorfsalat, Delikatess-, 50 g | 109 | 456 | 0,6 | 9,8 | – | 3,9 | – |
| Walnusskernhälften, 2 Stück = 4 g | 27 | 111 | 0,6 | 2,5 | 1,6 | 0,5 | 0,2 |
| Wassermelone, 1 Spalte = 150 g Fruchtfleisch | 53 | 220 | 0,9 | 0,3 | + | 12,5 | 0,3 |
| Wiener mit Kartoffelsalat 100 g Wiener, 200 g Kartoffelsalat mit Mayonnaise | 776 | 3248 | 18,2 | 60,3 | + | 32,0 | 2,0 |
| Wiener Würstchen, 1 Paar = 100 g | 296 | 1239 | 10,2 | 28,3 | – | + | – |
| Wurstbrötchen (60 g Bierschinken)* | 237 | 992 | 14,1 | 7,8 | 0,2 | 27,8 | 1,5 |
| Wurstsalat mit Essig und Öl | 458 | 1914 | 15,0 | 42,0 | – | 1,8 | + |
| Yes-Torty, 38 g | 175 | 732 | 2,0 | 10,0 | – | 20,0 | – |
| Zuckerrübensirup**, 1 Hotelportion = 20 g | 54 | 224 | 0,2 | 0 | 0 | 0 | 0 |
| Zwetschgendatschi (Hefeteig), 100 g | 210 | 879 | 5,0 | 10,0 | – | 23,0 | – |
| **Getränke*** ** | | | | | | | |
| 1 Glas Apfelsaft, 200 ml | 84 | 352 | – | – | – | 20,0 | + |
| 1 Glas Aprikosennektar, 200 ml | 124 | 519 | – | – | – | 30,0 | + |
| 1 Glas Ananassaft, 200 ml | 100 | 418 | – | – | – | 24,0 | – |
| 1 Glas Asti Spumante, 100 ml | 88 | 368 | 0 | 0 | 0 | 11,0 | 0 |
| 1 Glas Bier, helles, 200 ml | 94 | 393 | + | 0 | 0 | 8,6 | 0 |
| 1 Glas Champagner, 100 ml | 83 | 347 | 0 | 0 | 0 | 8,0 | 0 |
| 1 Glas Cola, 200 ml | 116 | 485 | 6,6 | 0 | 0 | 21,8 | 0 |
| 1 Glas Cola-Whisky, 200 ml | 152 | 636 | 5,9 | 0 | 0 | 19,6 | 0 |
| 1 Glas Gin, 2 cl | 50 | 209 | 0 | 0 | 0 | 0 | 0 |
| 1 Glas Gin-Tonic, 200 ml | 104 | 435 | 0 | 0 | 0 | 12,6 | 0 |
| 1 Glas Ginger Ale, 200 ml | 70 | 293 | 0 | 0 | 0 | 17,0 | 0 |
| 1 Glas Kirschlikör, 30 %-Vol., 2 cl | 57 | 239 | 0 | 0 | 0 | 6,0 | 0 |

| Lebensmittel (pro 100 g verzehrbarer Anteil) | Kilokalorie (kcal) | Kilojoule (kJ) | Eiweiß g | Fett g | mehrfach ungesättigte Fettsäuren g | Kohlenhydrate g | Ballaststoffe g |
|---|---|---|---|---|---|---|---|
| 1 Glas Kirschnektar, 200 ml | 126 | 527 | – | – | – | 28,0 | – |
| 1 Glas Limonade mit Süßstoff, 200 ml | 14 | 59 | 0 | 0 | 0 | 1,5 | 0 |
| 1 Glas Limonade, 200 ml | 98 | 410 | 0 | 0 | 0 | 24,0 | 0 |
| 1 Glas Obstler, 45 %-Vol., 2 cl | 50 | 210 | 0 | 0 | 0 | 0 | 0 |
| 1 Glas Orangensaft, 200 ml | 46 | 192 | 1,4 | 0,4 | – | 18,0 | 0,4 |
| 1 Glas Pils, 300 ml | 129 | 540 | + | 0 | 0 | 9,3 | 0 |
| 1 Glas Radler, 500 ml | 241 | 1008 | + | 0 | 0 | 40,8 | 0 |
| 1 Glas Rotwein, trocken, schwer, 150 ml | 114 | 477 | 0 | 0 | 0 | 3,3 | 0 |
| 1 Glas Rotwein, trocken, leicht, 150 ml | 98 | 410 | 0 | 0 | 0 | 3,3 | 0 |
| 1 Glas Sekt, trocken, 100 ml | 75 | 314 | 0 | 0 | 0 | 3,5 | 0 |
| 1 Glas Sekt-Orange, 100 ml | 88 | 368 | 0,5 | 0 | 0 | 9,4 | + |
| 1 Glas Sherry, trocken, 17 %-Vol., 5 cl | 85 | 356 | 0 | 0 | 0 | 20,0 | 0 |
| 1 Glas Tonic Water, 200 ml | 60 | 251 | 0 | 0 | 0 | 14,0 | 0 |
| 1 Glas Weißwein, lieblich***, 150 ml | 93 | 389 | 0 | 0 | 0 | 4,5 | 0 |
| 1 Glas Weißwein, trocken***, 150 ml | 104 | 435 | 0 | 0 | 0 | bis 2,6 | 0 |
| 1 Glas Weizenbier, 500 ml | 230 | 962 | + | 0 | 0 | 20,0 | 0 |
| 1 Glas Whisky, 45 %-Vol., 2 cl | 48 | 201 | 0 | 0 | 0 | + | 0 |
| 1 Glas Wodka, 40 %-Vol., 2 cl | 44 | 186 | 0 | 0 | 0 | 0 | 0 |

**Zeichenerklärung:**

– keine Daten verfügbar; + in Spuren; i. D. im Durchschnitt

* ohne Aufstrichfett

** siehe hierzu auch die Tabelle »Süßungsmittel und Süßwaren«

*** siehe hierzu auch die Tabelle »Getränke« (Alkoholgehalt beachten)

**Hinweis:**
Die Werte von Fast Food-, Süßwaren- und Knabberartikeln sowie von einigen Getränken beruhen auf Angaben der marktführenden Hersteller.

# Die 20 besten Lebensmittel für die Vitalstoffversorgung

| | |
|---|---|
| **Avocados** | Vitamin $B_6$, C, E, Biotin, Folsäure, Kalium, Kupfer, Magnesium |
| **Äpfel** | Vitamin B, C, Kalzium, Kalium, Phosphor |
| **Aprikosen** | Beta-Carotin, Eisen, Kalium |
| **Brokkoli** | Vitamin C, Folsäure, Beta-Carotin, Kupfer, Mangan, Selen, Eisen |
| **Brunnenkresse** | Beta-Karotin, Vitamin D, Eisen, Jod |
| **Feldsalat** | Kalium, Eisen, Zink, B-Vitamine, Beta-Carotin |
| **Fenchel** | Folsäure, Vitamin C, Kalium, Magnesium, Zink |
| **Grünkohl** | Folsäure, Beta-Carotin, B-Vitamine, Kalzium, Kalium |
| **Hafer** | B-Vitamine, Folsäure, Vitamin E, Kalzium, Mangan, Zink |
| **Heidelbeeren** | B-Vitamine, Vitamin C, Eisen |
| **Karotten** | Beta-Carotin, Eisen, Magnesium, Kalzium, Phosphor |
| **Kartoffeln** | Kalium, Vitamin $B_1$, $B_6$, Folsäure, Magnesium, Eisen, Phosphor |
| **Kichererbsen** | B-Vitamine, Kalium, Magnesium, Phospor, Kalzium, Eisen |
| **Orangen** | Vitamin C, Folsäure, Kalzium, Kalium |
| **Paprikaschoten** | Beta-Carotin, Niacin, Vitamin C, Kalium, Kalzium, Magnesium, Phosphor |
| **Quinoa** | B-Vitamine, Kalium, Kalzium, Eisen, Magnesium |
| **Rote Bete** | Folsäure, Eisen, Kalium, Magnesium, Natrium, Kupfer |
| **Tomaten** | Vitamin A, C, Kalium, Magnesium, Kalzium, Zink, Phoshor |
| **Walnuss** | Vitamin A, E, Pantothensäure, Zink, Kalium, Phosphor, Eisen |
| **Zwiebeln** | Kalium, Kalzium, Phosphor, Eisen, Jod, Selen |

# Vitamin- und Mineralstofftabelle

**Der fachkundige Ratgeber und Wegweiser in die Welt der Vitalstoffe: Gesundheitsnutzen, Mangelerscheinungen und spezielle Vitaltipps**

- Tabellarische Zuordnung der Vitalstoffe in Lebensmittelgruppen
- Tagesbedarf an Vitaminen und Mineralstoffen
- Die gefährlichsten Vitalstoffräuber
- Praktische Tipps für den Einkauf und die richtige Behandlung der Lebensmittel
- Der richtige Umgang mit Vitamin- und Mineralstoffpräparaten

→ **Die besten Vitalstoffe für Schönheit und Wohlbefinden**

- Biothin, Pantothensäure, Beta-Carotin und Kalzium für die Fingernägel
- Biothin, Magnesium, Pantothensäure und Beta-Carotin für die Haare
- B-Vitamine und Magnesium für die Nerven
- Vitamin C und Kupfer für das Bindegewebe
- Vitamin C, D, Kalzium, Magnesium und Fluor für Muskeln und Knochen
- Beta-Carotin, Vitamin A und Zink für die Augen

# Vitalstoffe – Zündfunken des Körpers

## Biostoffe und mehr

Wer richtig gesund und fit bleiben möchte, muss seinen Körper nicht nur mit Energielieferndn Nahrungsbausteinen – also mit Eiweiß, Fett und Kohlenhydraten – versorgen, sondern ihm auch spezielle Biostoffe geben. Dazu gehören hauptsächlich die Vitamine und die Mineralien. Sie können vom Körper selbst nicht gebildet werden, sondern müssen ihm regelmäßig zugeführt werden. Diese Stoffe werden nur in sehr kleinen Mengen benötigt und kommen in Lebensmitteln in unterschiedlichen Dosierungen vor. Vitamine und Mineralien sorgen dafür, dass Eiweiß, Fett und Kohlenhydrate optimal verwertet werden, dass Schadstoffe und Krankheitserreger sofort bekämpft werden und dass die körpereigenen Strukturen intakt und leistungsfähig bleiben. Sie unterstützen so das perfekte Funktionieren der Fabrik »Mensch« und sind damit unerlässliche Helfer für Gesundheit und Wohlbefinden.

Zu diesen Gesundmachern gesellt sich nun eine weitere Substanzklasse, die bioaktiven oder sekundären Pflanzenstoffe. Sie sind zwar nicht lebensnotwendig, aktivieren aber jene körpereigenen Mechanismen, in denen der Schlüssel zu mehr Gesundheit und mehr Vitalität steckt. Diese Substanzen führen im Körper zahlreiche »Wartungs- und Aufräumarbeiten« durch, die für den Schutz vor Zivilisationskrankheiten wichtig sind: Sie fangen zellzerstörende freie Radikale ein, reparieren beschädigte Erbsubstanz oder inaktivieren Krebserreger. Dadurch gelten sie mittlerweile als Geheimwaffe gegen viele Leiden unserer Zeit wie Bluthochdruck, Krebs, Herzinfarkt, Arteriosklerose oder Schlaganfall.

## Mangelerscheinungen

Während man den Mangel an bioaktiven Pflanzenstoffen allenfalls an einer erhöhten Anfälligkeit für Zivilisationskrankheiten feststellen kann, gibt es für Vitamine und Mineralien optimale Blutwerte, die für eine gute Gesundheit unerlässlich sind. Mängel führen immer zu mehr oder weniger ausgeprägten Fehlfunktionen des Körpers, in extremen Fällen sogar zum Tod. Während echte Mangelkrankheiten und Todesfälle in der industrialisierten Welt sehr selten sind, leiden aber zahlreiche Menschen an mehr oder weniger ausgeprägten Unterversorgungen, meist spürbar an einer nachlassenden Leistungsfähigkeit und Vitalität. Das kann zahlreiche Ursachen haben:

- Einseitige Ernährung/Diät
- Meiden wichtiger Nahrungsmittel aus Angst vor Schadstoffen (»Tschernobyl-Syndrom«)
- Minderwertige Kost (Fastfood, Fertiggerichte, Diätprodukte)
- Verschlechterte Resorption von Vitaminen und Mineralien durch Magen-Darm-Erkrankungen
- Schwangerschaft, Stillzeit, Alter
- Leberschäden (Alkoholismus!)
- Erhöhter Verbrauch von Biostoffen im Körper durch Infektionen, Tumore, Stress, Leistungssport, nach Operationen und Verletzungen
- Arzneimittel wie z. B. Abführmittel, Entwässerungsmittel, krampflösende Mittel, Antibiotika, Pille

Wenn Defizite in der Vitalstoffbilanz festgestellt werden, muss immer nach den Ursachen gefahndet werden. Erst dann führt eine Ergänzung mit den fehlenden Stoffen langfristig zum Erfolg.

## Der richtige Umgang mit Vitamin- und Vitalstoffpräparaten

Echte Vitamin- und Mineralstoffmängel sollten durch eine ärztliche Untersuchung aufgespürt und gezielt behandelt werden. Hier reicht die Ernährung nicht mehr aus, es muss dann ein entsprechendes Präparat eingenommen werden. Eine Nahrungsergänzung mit einem Vitamin- oder Mineralstoffpräparat kann bei bestimmten Belastungssituationen mit erhöhtem Verbrauch, z. B. bei Stress, großen körperlichen oder geistigen Leistungsanforderungen, nach Infekten oder zur therapeutischen Unterstützung bestimmter Krankheiten (insbesondere Immunschwächen) angezeigt sein.

Es ist mittlerweile sehr populär geworden, regelmäßig Vitamine und Mineralien einzunehmen, hauptsächlich in dem Wunsch, jung und fit zu bleiben (oder wieder zu werden). Wer mit solchen Präparaten bewusst umgeht, kann damit seine Gesundheit bei erhöhten Belastungen wirkungsvoll schützen. Allerdings ist eine Versorgung mit Pillen kein Ersatz für Fehler in der Ernährung und Lebensweise. Sie können nur »nachbessern« und reparieren, was durch äußere Einflüsse oder Nachlässigkeit geschädigt wurde.

Mit den folgenden Regeln geht es Ihren Biostoffen immer gut:

- Lassen Sie regelmäßig von einem kompetenten Arzt einen Vitamin- und Mineralstoffstatus ermitteln. Nur so haben Sie einen Überblick darüber, was Sie wirklich brauchen, und führen nicht unnötig Stoffe zu, die Ihr Körper nicht braucht.
- Versuchen Sie, leichte Vitamin- und Mineralstoffmängel zunächst durch eine Änderung der Ernährung/Lebensweise in den Griff zu bekommen. Essen Sie z. B. mehr Obst und Gemüse, oder senken Sie Ihren persönlichen Vitalstoffverbrauch durch eine gelassenere Lebensweise (Stress ist der Vitaminräuber Nr. 1!) Greifen Sie erst dann zu einem Hilfsmittel aus der Apotheke. Forscher haben in jüngster Zeit herausgefunden, dass synthetisch erzeugte Vitamine öfter unerwünschte Nebenwirkungen zeigen als die gleiche Dosis in einem Nahrungsmittel. Vermutlich liegt dies daran, dass die Vitamine im natürlichen Verbund durch zahlreiche Begleitstoffe besser vom Körper vertragen werden als bei isolierter Zufuhr.
- Therapieren Sie zur Nahrungsergänzung nie über den von der Natur vorgesehenen »Höchstwert« im Körper hinaus (außer als pharmakologische Therapie bei schweren Krankheiten wie Krebs, Aids, Autoimmunerkrankungen etc., bei denen sehr hohe Dosen zur Behandlung eingesetzt werden und auch heilend wirken). Bedenken Sie, dass manche Vitamine oder Mineralien in zu hohen Dosen giftig sind, z. B. Vitamin A, D oder Selen.

- Je älter Sie sind, desto schlechter werden Vitamine und Mineralien aus der Nahrung aufgenommen. Es kann daher erforderlich werden, regelmäßig eine Nahrungsergänzung einzunehmen. Lassen Sie sich zu diesem Thema von Ihrem Hausarzt beraten.

## Tipps und Tricks für mehr Vitalstoffe in der Ernährung

Generell sollte die Nahrung die Grundlage für die Versorgung mit Vitaminen, Mineralstoffen und bioaktiven Pflanzenstoffen sein. Wer hier planvoll vorgeht, schafft sich eine Vitalitätsquelle von hohem Gesundheitswert. In der richtigen Ernährung liegt der Schlüssel zur optimalen Versorgung des Organismus mit Vitalstoffen. Hierfür sind zwei Faktoren ausschlaggebend:

- die richtige Produktwahl,
- die richtige Zubereitung.

### Der richtige Griff beim Einkaufen

Mit den folgenden Ratschlägen stellen Sie bereits im Supermarkt die Weichen für Ihre Gesundheit:

- Orientieren Sie sich an der Küche der Mittelmeerländer! Sie steckt voller Biostoffe, die den Körper fit machen und zahlreichen Zivilisationskrankheiten vorbeugen. Diese Küche zeichnet sich durch viel frisches Obst und Gemüse, reichlich Salat und Kräuter, Olivenöl, Hülsenfrüchte und Knoblauch aus.
- Kaufen Sie nur hochwertige Nahrungsmittel. Im Hinblick auf den Vitamin- und Mineralstoffreichtum lohnt es sich vor allem bei Obst und Gemüse, marktfrische Ware aus ökologischem Anbau und entsprechend der Saison zu kaufen. Halten Sie sich dabei an die anerkannten Verbände Demeter, Bioland, ANOG, Naturland, Biokreis Ostbayern, Gäa, Bundesverband ökologischer Weinbau und Ökosiegel oder an Produkte mit dem Vermerk »Ökologische Agrar-

wirtschaft-EWG-Kontrollsystem«. Solche Produkte sind erwiesenermaßen ernährungsphysiologisch hochwertiger und schadstoffärmer. Auch das »Neuform«-Zeichen bürgt für qualitativ hochwertige Lebensmittel.

- Bevorzugen Sie Vollkornprodukte, also Vollkornbrot, Vollkornnudeln, Vollkorngebäck, Vollreis etc. Gegenüber den entsprechenden Produkten aus Weißmehl besitzen sie den Vorteil, reichlich Ballaststoffe, Vitamine und Mineralien zu enthalten.
- Achten Sie auf hochwertiges Eiweiß, z. B. aus Milch und Milchprodukten, Kartoffeln, Vollgetreideprodukten, magerem Fleisch sowie Geflügel und Fisch.
- Kaufen Sie möglichst unbehandelte Lebensmittel mit wenig Zusatzstoffen.

Meiden Sie Fertigprodukte aller Art, auch wenn die aufgedruckten Vitamin- und Mineralstoffbilanzen die Illusion eines gesunden Lebensmittels vermitteln. Solche Produkte enthalten nämlich nicht selten – neben vielen anderen Zusatzstoffen – reichlich Emulgatoren und Verdickungsmittel, zwei Stoffgruppen, die bei häufigem Genuß langfristig die Darmschleimhaut schädigen.

- Achten Sie beim Einkauf von Obst und Gemüse auf Frische. Frische Produkte schmecken nicht nur besser, sie enthalten auch mehr Vitalstoffe.
- Ernähren Sie sich saisongerecht, und bevorzugen Sie regionale Erzeugnisse aus ökologischem Anbau. Saisongerecht geerntete Produkte enthalten mehr Vitamine und weniger Pestizide als außerhalb der Saison im Treibhaus angebaute Produkte.

## So bleibt Frischkost Fitkost

Damit die »Vitalstoffkette« auf dem Weg in Ihren Körper keine Schwachstellen bekommt, ist auch bei Lagerung und Zubereitung der Nahrungsmittel Umsicht angesagt:

- Lagern Sie Obst und Gemüse nicht zu lange. Blattsalate und Spinat sollten schon bald nach dem Kauf verzehrt werden. Wasserarme Gemüse wie Brokkoli, Blumenkohl,

**Diese Nahrungsmittel enthalten keine Vitalstoffe**

Mit den folgenden Nahrungsmitteln führen Sie sich nur »leere« Kalorien zu:

Zucker
Süßigkeiten
Limonaden, Cola
polierter Reis
Weißmehl und Weißmehlprodukte (Weißbrot, Toast, Kuchen, Torten etc.)
Alkohol

Radieschen und Lauch können im Gemüsefach des Kühlschranks einige Tage aufbewahrt werden. Wasserreiche Gemüse wie Paprika, Gurken, Auberginen, Zucchini oder Tomaten sind kälteempfindlich und sollten daher am besten gut verpackt in einem möglichst kühlen Raum gelagert werden. Feste Gemüse wie Karotten, Knollensellerie oder Rote Bete sind im Kühlschrank bis zu 14 Tagen lagerfähig.

- Greifen Sie für langfristige Vorräte an Obst und Gemüse auf tiefgefrorene Produkte zurück. Sie werden sofort nach der Ernte vom Produzenten schockgefroren und behalten dadurch die meisten Inhaltsstoffe.
- Vermeiden Sie schädigende Einflüsse wie Luftsauerstoff, Licht, Auslaugen und Hitze während der Zubereitung. Dies gilt besonders, wenn Obst und Gemüse bereits zerkleinert und die Zellstrukturen nicht mehr intakt sind. Dann sind die wertvollen Inhaltsstoffe am meisten gefährdet.
- Waschen Sie Obst und Gemüse möglichst im Ganzen, damit die Inhaltsstoffe nicht aus den Zellen herausgelöst werden. Waschen Sie lieber mehrmals, dafür aber nur kurz.
- Essen Sie Gemüse möglichst oft roh, denn beim Erhitzen wird ein Teil der wertvollen Inhaltsstoffe zerstört. Wenn Sie Gemüse garen, verwenden Sie schonende Garverfahren. Das möglichst grob zerkleinerte Gemüse sollte in wenig heißem Fett angegart und dann unter Zusatz von etwas Wasser bei milden Temperaturen langsam weichgedünstet werden. Das fertige Gemüse sollte »al dente« sein. Schonende Verfahren sind die Zubereitung im Wok, im Dampfdrucktopf oder im Römertopf.

# Vitamine

Vitamine sind eine wichtige Voraussetzung für die Funktionstüchtigkeit eines gesunden Organismus, ermöglichen Wachstum und Fortpflanzung, können jedoch im Organismus nicht oder in nicht ausreichender Menge gebildet werden. Vitamine müssen daher regelmäßig mit der Nahrung zugeführt werden. Wird der für jedes Vitamin charakteristische Tagesbedarf längere Zeit unterschritten, kommt es zu unspezifischen Mangelsymptomen bis hin zu charakteristischen Mangelkrankheiten. Man teilt Vitamine ein in wasserlösliche Vitamine (Thiamin, Riboflavin, Nikotinsäure, Folsäure, Pantothensäure, Biotin, Pyridoxin, Vitamin $B_{12}$ und Vitamin C) und in fettlösliche Vitamine (Vitamine A, D, E, K). Die wasserlöslichen Vitamine sind – bis auf Vitamin C – immer Partner eines Enzyms. Sie können nicht allein reagieren und führen daher auch bei hoher Dosierung nicht zu einer Überdosierung. Dagegen können die fettlöslichen Vitamine auch allein wirken und werden außerdem im Körper gut gespeichert. Eine Überdosierung kann zu Vergiftungserscheinungen führen.

## Das Wichtigste über Vitamin A

Dieses fettlösliche Vitamin kommt als Vitamin A und Provitamin A (= Beta-Carotin), das erst in Vitamin A umgewandelt werden muss, in der Nahrung vor.

**➡ Gesundheitsnutzen**
Sehvermögen (Hell-Dunkel-Anpassung), Aufbau und Erhalt von Haut und Schleimhäuten (zu wenig Vitamin A lässt Haut und Schleimhäute rauh und rissig werden), Stärkung des Immunsystems (verbesserte Infektabwehr), Schutzfaktor gegen Umweltgifte (Wirkung als Antioxidans), Fortpflanzungsfähigkeit (Vitamin A ist an der Bildung der Sexualhormone beteiligt), Krebsschutz (insbesondere gegen Brust- und Lungenkrebs).

### ➡ Symptome bei Mangel

Bei leichtem Mangel: Hauttrockenheit, Sekretionseinschränkung der Schweiß-, Tränen- und Talgdrüsen sowie der Magenzellen, erhöhte Infektanfälligkeit, Verdickung und Austrocknung der Hornhaut, verschlechtertes Dämmerungssehen, Nachtblindheit, erhöhte Blendempfindlichkeit der Augen. Bei starkem Mangel: Appetitverlust, erhöhte Anfälligkeit gegen Krankheiten aller Art, verminderte Widerstandskraft gegen körperliche und seelische Belastungen.

### ➡ Symptome bei Überdosierung

Kopfschmerzen, Übelkeit, Schlafstörungen, Haarausfall, Knochenschwellungen an den Extremitäten.

### ➡ Täglicher Bedarf eines gesunden Erwachsenen

Frauen 0,8 mg; Männer 1 mg (1 mg Vitamin A entspricht 3333 IE Vitamin A).

### ➡ Beste Nahrungsquellen

Fischöle, Leber, Eigelb, Milch(produkte), gelbes Obst und Gemüse (insbesondere Grünkohl und Spinat).

### ➡ Vitaltipps

- Vitamin-A-haltige Produkte immer zerkleinert und zusammen mit Fett verzehren (Sahne, Pflanzenöl). Nur so kann Vitamin A in den Körper aufgenommen werden.
- Vitamin A immer zusammen mit Vitamin E einnehmen, da es bei Vitamin-E-Mangel schlechter verwertet wird.
- Eine Überdosierung ist nur mit Vitamin A möglich, nicht mit Beta-Carotin.
- Das in Karotten reichlich enthaltene Beta-Carotin wird aus rohen, grob zerkleinerten Karotten praktisch nicht aufgenommen, sehr gut dagegen aus gekochtem, passiertem Gemüse.

## Das Wichtigste über Vitamin D

Dieses Vitamin, dessen wichtigste Wirkformen die Vitamine $D_2$ und $D_3$ sind, wird als Sonnenvitamin bezeichnet, da Sonnenbestrahlung in der Haut Vitamin $D_2$ erzeugt.

### ➡ Gesundheitsnutzen

Aufnahme von Kalzium und Phosphat aus dem Magen-Darm-Trakt und Verteilung im Körper, Knochenbildung und Knochenwachstum, Immunhormon (Kontrolle von Entzündungsprozessen, Steuerung der Abwehr), Krebsabwehr.

**➡ Symptome bei Mangel**
Bei Kindern: Rachitis, bei Erwachsenen: Osteomalazie (Knochenentkalkung); Abwehrschwächen.

**➡ Symptome bei Überdosierung**
Störungen des Kalzium- und Phosphatstoffwechsels, Entkalkung der Knochen, Kalkablagerungen in Organen und Blutgefäßen, Nierenschäden.

**➡ Täglicher Bedarf eines gesunden Erwachsenen**
5 µg.

**➡ Beste Nahrungsquellen**
Sardinen, Hühnereier, Butter, Milch, Leberöle von Meeresfischen, Hefe.

**➡ Vitaltipps**
- Vitamin-D-Mängel sind sehr selten und meist durch zu wenig Sonnenlicht verursacht. Bereits 20 Minuten täglich an der Sonne reichen aus, um den Körper optimal zu versorgen.
- Vorsicht ist mit Vitamin-D-Präparaten geboten, da eine Überdosierung leicht möglich ist. Das Vitamin wird in einigen Organen gut gespeichert (z. B. in Gehirn, Leber, Nebennieren, Thymus, Haut), es kommt dann zu Vergiftungserscheinungen.
- Bei ausgeprägtem Vitamin-D-Mangel sollte der Darm untersucht werden. Häufig ist eine vom Darm ausgehende Nahrungsmittelallergie die Ursache für eine schlechte Verwertung.

## Das Wichtigste über Vitamin E

Der Begriff Vitamin E umfasst eine Reihe von Substanzen, die sich in ihrem chemischen Aufbau nur geringfügig unterscheiden. Sie werden als a-, b-, g- und d-Tocopherole bezeichnet. Die größte biologische Wirkung besitzt davon das a-Tocopherol.

**➡ Gesundheitsnutzen**
Schutz empfindlicher Strukturen wie etwa der Fettsäuren, Vitamin A oder der roten Blutkörperchen vor aggressiven Stoffwechselprodukten; Stärkung des Immunsystems (Bildung von Antikörpern); Schutz vor Umweltschadstoffen (Wirkung als Antioxidans).

**➡ Symptome bei Mangel**
Blutarmut, Nervenschäden, Muskelschwund; erhöhtes Risiko für Herzerkrankungen, Schlaganfall, Katarakte und einige Krebsarten.

**➡ Symptome bei Überdosierung**
Kopfschmerzen, Übelkeit, Schwindel, Muskelschwäche, spröde Lippen.

**➡ Täglicher Bedarf eines gesunden Erwachsenen**
12 mg, berechnet als a-Tocopheroläquivalent (1 I E Vitamin E entspricht 0,7 mg D-a-Tocopherol).

**➡ Beste Nahrungsquellen**
Pflanzenöle, Getreidekeimöle, Getreidekeimlinge, Butter, Nüsse, Margarine (Zusatz von synthetischem Vitamin E), Ei, Leber.

**➡ Vitaltipps**
- Für den Wert eines Pflanzenöls als Vitamin-E-Lieferant entscheidet der Gehalt an der Wirkform a-Tocopherol, nicht der Gesamttocopherolgehalt. Reich an a-Tocopherol sind z. B. Weizenkeim-, Maiskeim- und Sonnenblumenöl. Sojaöl enthält zwar sehr viel Vitamin E, aber nur wenig a-Tocopherol und ist somit eine schlechte Vitamin-E-Quelle.
- Der tägliche Vitamin-E-Bedarf hängt ferner von der Aufnahme ungesättigter Fettsäuren ab, da Vitamin E beim Schutz dieser ungesättigten Fettsäuren verbraucht wird. So erhöht der Verzehr von Fisch und Vitamin-E-armen Pflanzenölen den Bedarf an Vitamin E.

## Das Wichtigste über Vitamin K

Vitamin K ist fettlöslich und kommt in unterschiedlichen Wirkformen vor. Es kann nur von Bakterien und Pflanzen synthetisiert werden.

**➡ Gesundheitsnutzen**
Blutgerinnung (Bildung von Gerinnungsfaktoren), Synthese von Eiweißstoffen, insbesondere Osteocalcin (für die Knochenfestigkeit wichtig), Skelettentwicklung.

**➡ Symptome bei Mangel**
Erhöhte Blutungsneigung, Osteoporose.

**➡ Symptome bei Überdosierung**
Übelkeit, Zerstörung der roten Blutkörperchen, erhöhte Thrombosegefahr, Verschlechterung der Leberfunktion.

**➡ Täglicher Bedarf eines gesunden Erwachsenen**
Frauen 60–65 µg; Männer 70–80 µg.

**➡ Beste Nahrungsquellen**
Grüne Blattgemüse (insbe-

sondere Spinat, Blumenkohl, Weißkohl), Hülsenfrüchte, Raps- und Sojaöl.

### ➡ Vitaltipps

- Vitamin-K-Mängel sind selten, da Vitamin K von der Darmflora synthetisiert werden kann. Sie beruhen meist auf einer Störung der Darmflora, z. B. nach Behandlung mit Antibiotika.
- Bei einem Vitamin-K-Mangel sollte die Gallenfunktion überprüft werden, da Vitamin K nur bei ausreichender Gallensekretion resorbiert wird.
- Durch eine Ernährungsumstellung auf mehr Rohkost gelangt nicht nur mehr Vitamin K in den Körper, es wird auch mehr davon im Darm gebildet, da die Darmbakterien besser arbeiten.

## Das Wichtigste über Vitamin $B_1$

Vitamin $B_1$ ist wasserlöslich. Die Mangelkrankheit Beriberi kommt praktisch nur in Entwicklungsländern vor.

### ➡ Gesundheitsnutzen

Energiegewinnung aus Kohlenhydraten (wichtig für Nerven, Muskeln und Herz), Erregungsweiterleitung in den Nervenzellen.

### ➡ Symptome bei Mangel

Bei leichtem Mangel: Appetitverlust, Verdauungsstörungen (z. B. Durchfall, Darmerschlaffung, Magensäuremangel), Nervenschwäche, Müdigkeit, Störungen des emotionalen Gleichgewichts.

Bei starkem Mangel: Aufgrund der Anreicherung eines Stoffwechselzwischenprodukts (Brenztraubensäure) schwere Schäden am zentralen Nervensystem sowie am Herz-Kreislauf-System (Herzrasen, Atemschwierigkeiten und Beklemmungsgefühle), Ödemneigung, Muskelschwäche, Lähmungen, psychische Veränderungen (Vergesslichkeit, Verwirrtheit, Depressionen).

### ➡ Symptome bei Überdosierung

Unbekannt.

### ➡ Täglicher Bedarf eines gesunden Erwachsenen

Frauen 1,1–1,3 mg; Männer 1,3–1,6 mg.

### ➡ Beste Nahrungsquellen

Hefe, Getreidekörner, Gemüse, Früchte, Kartoffeln, Leber, Nieren, Muskulatur von Tieren.

### ➡ Vitaltipps

- Der Vitamin-$B_1$-Bedarf ist

von der Aufnahme an Kohlenhydraten abhängig, d. h. je mehr Kohlenhydrate gegessen werden, desto mehr Vitamin $B_1$ wird benötigt.

- Ein erhöhter Konsum an reinem Zucker (z. B. in Süßigkeiten, Limonaden) kann zu einem Vitamin-$B_1$-Mangel führen.
- Fieberhafte Erkrankungen, Kälte und schwere körperliche Arbeit erhöhen den Bedarf.
- Vitamin $B_1$ ist überaus empfindlich gegenüber Hitze und wird durch Kochen bis zu 70 Prozent zerstört.

## Das Wichtigste über Vitamin $B_2$

Dieses wasserlösliche Vitamin heißt auch Riboflavin. Ganz ähnlich wirkt auch das ebenfalls zur Gruppe der B-Vitamine gehörende Niacin (Nicotinsäure, Nicotinamid).

**➡ Gesundheitsnutzen**
Partner zahlreicher Enzyme der Atmungskette und damit beteiligt an der Energiegewinnung aus Fett, Eiweiß und Kohlenhydraten, Abbau und Aufbau von Fettsäuren; Beteiligung am Sehprozess (exakte Funktion unbekannt).

**➡ Symptome bei Mangel**
Wachstumsminderung bei Kindern, Schädigung an Augen, Schleimhäuten und Haut, Störungen der Embryonalentwicklung (Missbildungen).

**➡ Symptome bei Überdosierung**
Brennende und kribbelnde Haut.

**➡ Täglicher Bedarf eines gesunden Erwachsenen**
Frauen 1,5–1,7 mg; Männer 1,7–1,8 mg

**➡ Beste Nahrungsquellen**
Hefe, Getreidekörner, Gemüse, Früchte, Fisch, Fleisch, Milch, Käse, Eier.

**➡ Vitaltipps**

- Ein Vitamin-$B_2$-Mangel tritt meist mit anderen Vitaminmängeln auf, so dass er nur schwer erkennbar ist.
- Ein erhöhter Bedarf liegt in Schwangerschaft, Stillzeit und in der Wachstumsphase vor, außerdem bei Infektionen, erhöhter Schilddrüsentätigkeit und verstärkter Flüssigkeitszufuhr.

## Das Wichtigste über Niacin

Als Niacin werden Nikotinsäure und Nikotinsäureamid bezeichnet (nicht zu verwechseln mit Nicotin). Niacin kann im Körper aus der Aminosäure Tryptophan gebildet werden.

**➡ Gesundheitsnutzen**
Energiegewinnung.

**➡ Symptome bei Mangel**
Hautveränderungen, Durchfall, Schlaflosigkeit, Müdigkeit, Kopfschmerzen, Depressionen.

**➡ Symptome bei Überdosierung**
Unbekannt.

**➡ Täglicher Bedarf eines gesunden Erwachsenen**
8–10 mg NÄ (1 mg Niacin-Äquivalent = 1 mg Niacin = 60 mg Tryptophan).

**➡ Beste Nahrungsquellen**
Fleisch, Fisch, Innereien, Kartoffeln, Hefe.

**➡ Vitaltipps**

- Ein erhöhter Bedarf liegt bei Verdauungsstörungen, in der Stillzeit, der Wachstumsphase, bei fieberhaften Infektionen, schwerer körperlicher Arbeit und verstärkter Flüssigkeitszufuhr vor.
- In Getreide, insbesondere im Mais, liegt ein großer Teil des Niacins in einer Verbindung vor, die im Verdauungstrakt nicht aufgeschlossen werden kann.

## Das Wichtigste über Vitamin $B_6$

Als Vitamin $B_6$ werden die Verbindungen Pyridoxin, Pyridoxal und Pyridoxamin bezeichnet.

**➡ Gesundheitsnutzen**
Vitamin $B_6$ ist Partner wichtiger Enzyme des Eiweißstoffwechsels; harmonisiert als wichtiges Bindeglied der einzelnen Stoffwechselwege den Stoffwechsel; Synthese von Vorstufen des roten Blutfarbstoffs; Modulation des

Immunsystems; Funktionieren des Nervensystems.

**➡ Symptome bei Mangel**
Wachstumsstörungen bei Kindern, Störungen der Eiweißsynthese mit der Folge von Muskelabbau und Dünnerwerden der Haut, nervöse Störungen (Wahrnehmungsstörungen).

**➡ Symptome bei Überdosierung**
Gefühllosigkeit in Händen und Füßen, Lähmungserscheinungen, Bewegungs- und Nervenstörungen.

**➡ Täglicher Bedarf eines gesunden Erwachsenen**
Frauen 1,5–1,6 mg; Männer 1,8–2,1 mg.

**➡ Beste Nahrungsquellen**
Vollkornprodukte, Rinderfilet, Hühnereier, Nüsse.

**➡ Vitaltipps**
- Ein erhöhter Bedarf besteht in der Schwangerschaft, bei Einnahme der Pille, bei Kälte und bei schwerer körperlicher Anstrengung.
- Vitamin $B_6$ besitzt eine prophylaktische Wirkung gegen Reisekrankheit (Luft, See).

## Das Wichtigste über Vitamin $B_{12}$

Vitamin $B_{12}$ ist eine Sammelbezeichnung für eine Reihe komplizierter wasserlöslicher Verbindungen (Cobalamine), die nur von Mikroorganismen gebildet werden können. Es enthält als einziges Vitamin das Spurenelement Kobalt.

**➡ Gesundheitsnutzen**
Synthese der roten Blutkörperchen, Eiweißstoffwechsel, Zellaufbau, Wachstumsvorgänge, Bildung der Erbsubstanz, Stärkung des Immunsystems (Erkennung von Fremdstoffen).

**➡ Symptome bei Mangel**
Blutarmut mit Bildung abnorm großer Blutzellen, Schwäche, Schwindel, Müdigkeit, Herzschwäche, Appetitlosigkeit, Widerwillen gegen Fleisch, Durchfall, Brennen auf der Zunge, Gedächtnisstörungen, Verwirrung, Gehunsicherheit, Muskelschwäche, Störung der Nervenempfindungen.

**➡ Symptome bei Überdosierung**
Sehr selten allergische Reaktionen, Akne, Verschlechterung bereits bestehender Schuppenflechte.

**➡ Täglicher Bedarf eines gesunden Erwachsenen**
3 µg.

**➡ Beste Nahrungsquellen**
Tierische Nahrungsmittel, Rinderleber, Rindernieren, Rinderfilet, Hühnereigelb, Kuhmilch, Fische (Hering, Seelachs, Makrele), Wurzelgemüse (durch Bodenbakterien aufgenommenes Vitamin $B_{12}$).

**➡ Vitaltipps**
- Vitamin $B_{12}$ ist das einzige wasserlösliche Vitamin, das in nennenswerten Mengen gespeichert werden kann (in der Leber). Mangelsymptome treten daher erst nach etwa einem Jahr Mangelernährung auf.
- Vitamin $B_{12}$ kann in geringen Mengen von der Darmflora gebildet werden. Es wird aber nicht vom Körper aufgenommen, da ein zur Aufnahme notwendiges Protein fehlt.
- Lebensmittel, die einer mikrobiellen Behandlung ausgesetzt waren, enthalten geringe Mengen an Vitamin $B_{12}$, z. B. Sauerkraut, Buttermilch, Joghurt.
- Vitamin-$B_{12}$-Mängel sind meist auf Schäden an der für die Aufnahme wichtigen Magen-Darm-Schleimhaut zurückzuführen.

## Das Wichtigste über Folsäure

Dieses wasserlösliche Vitamin zählt ebenfalls zu den B-Vitaminen.

**➡ Gesundheitsnutzen**
Greift ähnlich wie Vitamin $B_{12}$ in zahlreiche Stoffwechselwege ein, da Partner zahlreicher Enzyme; Wachstum und Teilung von Zellen (Zellneubildung), insbesondere der roten und weißen Blutkörperchen.

**➡ Symptome bei Mangel**
Abwehrschwäche, Blutarmut, Durchfall, Veränderung der Mundschleimhaut.

**➡ Symptome bei Überdosierung**
Schlaf- und Gemütsstörungen.

**➡ Täglicher Bedarf eines gesunden Erwachsenen**
300 µg.

**➡ Beste Nahrungsquellen**
Grüne Blätter, Weizenkeime, Rinderleber.

**➡ Vitaltipps**
- Folsäuremängel sind selten und meist durch Gründe wie Alkoholismus, Aufnahme- oder Resorptionsstörungen (z. B. bei Darm-

erkrankungen) oder Mehrlingsschwangerschaften bedingt.

- Ein gleichzeitiger Mangel an Eisen und Vitamin $B_{12}$ verschlimmert die Folsäuremangelsymptome.
- Folsäure kommt in den Lebensmitteln in freier und gebundener Form vor. In gebundener Form ist sie nur zu 20 Prozent verfügbar. Bei frischem Obst und Gemüse wird beim Zerkleinern und kurzen Stehenlassen die gebundene Folsäure in die freie Form überführt, so dass dadurch die Resorbierbarkeit verbessert wird.

## Das Wichtigste über Pantothensäure

Diese wasserlösliche Verbindung gehört zu den B-Vitaminen.

**➡ Gesundheitsnutzen**
Stoffwechsel der Kohlenhydrate und Fette; Aufbau zahlreicher Hormone (insbesondere der Sexualhormone), der Gallensäure und der für die Knochenbildung benötigten Mucopolysaccharide; entgiftende Wirkung; Resistenz der Schleimhäute gegen Infektionen, Stärkung von Haut und Haaren.

**➡ Symptome bei Mangel**
Taubheits- und Kribbelgefühle in den Beinen, Kopfschmerzen, Ruhelosigkeit, Reizbarkeit, Schwindel, Müdigkeit, Magenbeschwerden.

**➡ Symptome bei Überdosierung**
Allergische Reaktionen, Durchfall.

**➡ Täglicher Bedarf eines gesunden Erwachsenen**
6 mg.

**➡ Beste Nahrungsquellen**
Leber, Niere, Muskel, Hirn, Eigelb, Hefe, Getreide, Hülsenfrüchte.

### ➡ Vitaltipps

● Pantothensäuremangel kommt bei normalen Ernährungsgewohnheiten nicht vor. Die Einnahme von Präparaten besitzt daher bestenfalls Placebowirkung.

## Das Wichtigste über Vitamin C

Während die meisten Säugetiere Vitamin C synthetisieren können, ging beim Menschen diese Fähigkeit im Verlauf der Evolution verloren.

### ➡ Gesundheitsnutzen

Synthese des im Bindegewebe enthaltenen Kollagens, Synthese von Nebennierenhormonen, Resorption von Eisen, Wundheilung, Heilung von Knochenbrüchen, Stimulierung der Abwehrkräfte, Aktivierung und Regulierung des Zellstoffwechsels, Krebsschutz (Wirkung als Antioxidans), Schutzfaktor gegen Umweltschadstoffe.

### ➡ Symptome bei Mangel

Bei leichtem Mangel: Verlust des Wohlbefindens, Frühjahrsmüdigkeit, Infektanfälligkeit, rasche Ermüdung. Bei schwerem Mangel: Skorbut mit Blutungen in Zahnfleisch, Haut, Muskulatur und Gelenken, Anämie.

### ➡ Symptome bei Überdosierung

Bildung von Harnsteinen, Nierensteinen, Übelkeit, Durchfall.

### ➡ Täglicher Bedarf eines gesunden Erwachsenen

75–100 mg.

### ➡ Beste Nahrungsquellen

Zitrusfrüchte, Brokkoli, schwarze Johannisbeeren, Hagebutten, Paprikaschoten.

### ➡ Vitaltipps

● Die Aufnahme von Vitamin C erfolgt dosisabhängig im oberen Dünndarm. Mit steigender Einzeldosis sinkt die Aufnahmerate, daher sind mehrere kleine Einzeldosen wirksamer als eine große Einmaldosis.

● Ein erhöhter Bedarf besteht bei starker körperlicher Arbeit, bei Krankheit, in Schwangerschaft und Stillzeit, bei Schilddrüsenüberfunktion, Diabetes, nach Operationen und bei großer Flüssigkeitszufuhr.

● Die Bioverfügbarkeit von Vitamin C aus unterschiedlichen Quellen wie Orangen, Orangensaft, gekochtem Brokkoli und Vitamintabletten unterscheidet sich nicht.

# Das Wichtigste über Biotin

Dieser wasserlösliche Wirkstoff gehört zu den Vitaminen der B-Gruppe.

### ➡ Gesundheitsnutzen

Beteiligung am Fettsäure-, Kohlenhydrat- und Eiweißstoffwechsel und damit an der Energiegewinnung aus der Nahrung.

### ➡ Symptome bei Mangel

Bei leichtem Mangel: Haarausfall, Hautentzündungen, niedriger Blutdruck, zentralnervöse Störungen.
Bei schwerem Mangel: Verfärbung und Austrocknung der Haut und der Schleimhäute (insbesondere bei Säuglingen und Kleinkindern).

### ➡ Symptome bei Überdosierung

Unbekannt.

### ➡ Täglicher Bedarf eines gesunden Erwachsenen

30–100 mg.

### ➡ Beste Nahrungsquellen

Innereien, Eigelb, Haferflocken, Karotten, Erdnüsse.

### ➡ Vitaltipps

- Biotin wird durch ein im rohen Eiklar vorkommendes Protein, das Avidin, gebunden. Mängel treten daher nur beim Verzehr von rohen Eiern auf.
- Biotin kann auch von den Darmbakterien gebildet werden. Da es überdies bei normaler Ernährung immer zugeführt wird, ist die Einnahme eines Biotinpräparats überflüssig und besitzt bestenfalls Placebowirkung.

# Mineralstoffe/ Spurenelemente

Mineralien sind die anorganischen Bestandteile aller pflanzlichen und tierischen Gewebe. Sie können im Körper selbst nicht hergestellt werden, müssen also von außen zugeführt werden. Sie spielen bei praktisch allen Lebensvorgängen eine Rolle. Ohne sie gäbe es keine Verdauung, keine Gefühle, keine Vermehrung und keine Gedanken. Sie bieten Schutz vor Krankheiten aller Art, sogar vor Krebs, und steigern darüber hinaus die Leistungsfähigkeit und Vitalität. Doch nicht nur zum Leben und Überleben werden sie verbraucht. Mit jedem Tropfen Schweiß, Urin oder Blut gehen wertvolle Mineralien verloren. Je nach Anteil der Mineralien an der Körpersubstanz unterscheidet man Mengen- (üblicherweise als Mineralstoffe bezeichnet) und Spurenelemente. Zu den Spurenelementen zählen Kupfer, Zink, Mangan, Kobalt, Molybdän, Selen, Jod und Fluor. Da die Mineralien praktisch alle wasserlöslich sind, wird ein Überschuss wieder ausgeschieden. Vergiftungserscheinungen sind dennoch möglich, insbesondere bei den Spurenelementen. Sie müssen sorgfältig dosiert werden. Daher sind die Anweisungen des Arztes bzw. der Packungsbeilage genau einzuhalten. Überdies: Für die Ausscheidung ist die Niere zuständig, d. h. ein Zuviel an Mineralien belastet dieses Organ unnötig.

## Das Wichtigste über Kalzium (Ca)

### ➡ Gesundheitsnutzen

Aufbau von Stützsubstanzen (Knochen, Zähne), Zellwandbildung, Zellteilung, Blutgerinnung (Bildung von wirksamen Gerinnungsfaktoren), Muskelkontraktion, Erregungsvorgänge in Nerven und Muskeln.

### ➡ Symptome bei Mangel

Entkalkung und Deformation der Knochen (Osteoporose), erhöhtes Risiko für Knochenbrüche.

### ➡ Symptome bei Überdosierung

Kann Magnesiummangel erzeugen.

**Täglicher Bedarf eines gesunden Erwachsenen**
800–900 mg.

**Beste Nahrungsquellen**
Milch(produkte), Sesamsamen, Nüsse, Hefe.

**Vitaltipps**
- Die Kalziumaufnahme ist von Vitamin D abhängig (Sonnenlicht!).
- Milchzucker und Eiweiß fördern die Aufnahme von Kalzium, eine hohe Phosphatzufuhr (z. B. durch Cola) erschwert sie.
- Die Ausnutzung des Nahrungskalziums ist nicht abhängig von der Löslichkeit des Kalziumsalzes (Ausnahme: Kalziumoxalat, kommt in Spinat, Rhabarber und schwarzem Tee vor).
- Der Ersatz von Zucker durch Zuckeraustauschstoffe wie Sorbit oder durch schlecht resorbierbare Disaccharide (Oligofructose) führt zu einer verminderten Ausnutzung des aufgenommenen Kalziums.
- Eine schlechte Kalziumausnutzung erfolgt auch durch das in Getreidekleie vorkommende Phytin, das eine schwer lösliche, nicht resorbierbare Einheit mit Kalzium bildet. Getreidearten mit hohem Phytingehalt verfügen jedoch – mit Ausnahme von Mais und Hafer – über ein Enzym (Phytase), das Phytin abbaut. Mais- und Haferkleie(produkte) können somit zu einem Kalziummangel führen.
- Ein zu extremer Konsum ballaststoffreicher Nahrung senkt die Kalziumaufnahme.
- Die Eisenresorption ist in Anwesenheit von Kalzium gehemmt, daher sollten Eisen- und Kalziumpräparate immer getrennt eingenommen werden. Aus diesem Grund sollten Milch und Käse nie zusammen mit Fleisch verzehrt werden, die Eisenaufnahme sinkt dabei um ca. 50–60 Prozent.

## Das Wichtigste über Phosphor (P)

**Gesundheitsnutzen**
Stabilität von Knochen und Zähnen, Regulierung des Säure-Base-Haushalts im Blut, Energieüberträger im Gewebe (ohne Phosphor könnte z. B. die aus der Verbrennung der Nahrungsmittel gewonnene Energie nicht in Muskelenergie umgesetzt werden), Aufbau jeder Zellmembran, Gehirn- und Nerventätigkeit, Baustein der Erbinformation im Zellkern, Beschleunigung der Blutgerinnung.

### ➡ Symptome bei Mangel
Knochenerweichung.

### ➡ Symptome bei Überdosierung
Stimulierung der Nebenschilddrüsen zu einer vermehrten Hormonproduktion, wodurch es zu einer erhöhten Kalziumfreisetzung aus dem Skelett kommt. Ein Missverhältnis zwischen Kalzium und Phosphat in der Nahrung kann somit Osteoporose begünstigen. Kalziumaufnahme und Magnesiumabsorption werden gehemmt.

### ➡ Täglicher Bedarf eines gesunden Erwachsenen
1,2–1,4 g.

### ➡ Beste Nahrungsquellen
Käse, Fleisch, Nüsse, Eier, Getreide, Hefe.

### ➡ Vitaltipps
- Etwa 70 Prozent des in der Nahrung enthaltenen Phosphors werden vom Darm resorbiert. Der Anteil steigt bei geringem Angebot oder erhöhtem Bedarf und wird durch die Anwesenheit von Vitamin D verbessert.
- Die Aufnahme von Phosphor wird durch Phythin aus Getreide und Aluminium, Inosit (vor allem in Früchten, Leber, Nieren), Eisen und Kalzium gehemmt.

## Das Wichtigste über Kalium (K)

### ➡ Gesundheitsnutzen
Zentrale Stellung im Zellstoffwechsel, insbesondere bei der Energieübertragung (an der Bildung von Energieboten beteiligt); Bildung und Weiterleitung von Nervenimpulsen; Regulation des Wasserhaushalts (Gegenspieler zu Natrium); Steuerung des Säure-Base-Haushalts; Steuerung der Herztätigkeit; Herstellung von Eiweiß; Energiegewinnung aus Kohlenhydraten; Bestandteil von Verdauungssäften.

### ➡ Symptome bei Mangel
Schwäche- und Schweregefühl in den Muskeln, Erschlaffung der glatten Muskulatur, Herzfunktionsstörungen, Verstopfung, Darmlähmung, Blutdruckabfall, Kollaps, beschleunigter Puls.

### ➡ Symptome bei Überdosierung
Schwäche- und Schweregefühl der Muskeln, Herzrhythmusstörungen, Kreislaufkollaps, Herzstillstand.

### ➡ Täglicher Bedarf eines gesunden Erwachsenen
2,0 g.

**➡ Beste Nahrungsquellen**
Gemüse, Obst, Nüsse.

**➡ Vitaltipps**
- Kochsalzreiche und kaliumarme Ernährung, radikale Abmagerungsdiäten sowie Stresssituationen sind die häufigste Ursache für Kaliummangel.
- Mangel entsteht auch durch Durchfall, Erbrechen, Abführmittelmissbrauch, wassertreibende Medikamente (manche Blutdrucksenker).
- Kalium wirkt entwässernd, daher kommt es bei kaliumreicher Ernährung rasch zu einer deutlichen Gewichtsabnahme.

## Das Wichtigste über Natrium (Na)

**➡ Gesundheitsnutzen**
Regulierung des Zelldrucks, Beteiligung am Kohlenhydratstoffwechsel und an der Energiegewinnung, Regulierung des Säure-Base-Haushalts, Aufnahme von Zucker und Aminosäuren, Bildung und Weiterleitung von Nervenimpulsen.

**➡ Symptome bei Mangel**
Kopfschmerzen, Schwäche, Teilnahmslosigkeit, Blutdruckabfall, Muskelkrämpfe, Bewusstseinsstörungen.

**➡ Symptome bei Überdosierung**
Bei regelmäßiger Überdosierung Bluthochdruck, Kopfschmerzen, Wassereinlagerungen im Gewebe, Herz- und Nierenschäden.

**➡ Täglicher Bedarf eines gesunden Erwachsenen**
2000–3000 mg.

**➡ Beste Nahrungsquellen**
Kochsalz (in Wurstwaren, Käse, Salzhering, Fleisch, Brot, Backpulver).

**➡ Vitaltipps**
- Durch starkes Schwitzen, häufiges Erbrechen, anhaltenden Durchfall, harntreibende Arzneien kann es zu Natriummangel kommen.
- Bei den typisch westlichen Ernährungsgewohnheiten wird meist zu viel Natrium aufgenommen, insbesondere bei erhöhtem Verzehr von Wurst, Käse und Fertiggerichten.

# Das Wichtigste über Magnesium (Mg)

**➡ Gesundheitsnutzen**
Wichtigster Bestandteil aller Gewebe und Körperflüssigkeiten; normales Funktionieren der Muskeln und der Nerven; Aktivierung von rund 300 Enzymen, insbesondere solchen, die für den Eiweißstoffwechsel zuständig und für den Energieumsatz verantwortlich sind; Synthese der Erbsubstanz; Herzfunktion (Gegenspieler von Kalzium, verbessert die Energiebilanz des Herzens); Stabilisierung des Immunsystems; Schutz vor Thrombosen und Herzinfarkt.

**➡ Symptome bei Mangel**
Appetitlosigkeit, Übelkeit, Erbrechen, Schlafstörungen, Übererregbarkeit, Krämpfe, Muskelzittern, Herzjagen; Disposition für Herzinfarkt, Verstärkung von Stressreaktionen, Reizbarkeit, Nervosität, Depressionen, Konzentrationsschwäche.

**➡ Symptome bei Überdosierung**
Störungen des Nervensystems bei Megadosen (Überschuss wird ansonsten ausgeschieden).

**➡ Täglicher Bedarf eines gesunden Erwachsenen**
300–400 mg.

**➡ Beste Nahrungsquellen**
Gemüse, Kakao, Milch, Haselnüsse, Vollkornbrot.

**➡ Vitaltipps**
- Ein Mangel entsteht meist durch magnesiumarme Ernährung, Erkrankungen des Magen-Darm-Trakts, Nierenerkrankungen, Alkoholismus, Leberzirrhose, Diabetes, übermäßigen Konsum von Entwässerungsmitteln und Stress.
- Magnesium sollte nicht zusammen mit Alkohol oder Kaffee eingenommen werden, da diese die Magnesiumausscheidung fördern.
- Magnesium sollte auch nicht mit Kalzium zusammen genommen werden, da beide Stoffe um den gleichen Transportmechanismus in den Körper konkurrieren.

● Vitamin D verbessert die Magnesiumaufnahme.
● Eine zu eiweiß- und fettreiche Kost sowie eine Unterversorgung an den Vitaminen $B_1$ und $B_6$ führen zu Magnesiummangel.
● Die Magnesiumversorgung ist mit dem Kalziumbedarf verbunden. Je mehr Kalzium zugeführt wird, desto mehr Magnesium ist notwendig.

## Das Wichtigste über Eisen (Fe)

**➡ Gesundheitsnutzen**
Sauerstofftransport in den Körper, Bestandteil des roten Blutfarbstoffs und des Muskelfarbstoffs und ermöglicht dadurch den Transport der Blutgase (Sauerstoff, Kohlendioxid), Beteiligung an Entgiftungsreaktionen.

**➡ Symptome bei Mangel**
Einrisse in den Mundwinkeln, Störung von Haar- und Nagelwachstum, Hautatrophie, Veränderungen der Mund- und Speiseröhrenschleimhaut.

**➡ Symptome bei Überdosierung**
Begünstigt die Bildung von freien Radikalen und fördert damit Sauerstoffstress; Erkrankungen wie Arteriosklerose, Krebs, grauer Star, Herzinfarkt werden begünstigt.

**➡ Täglicher Bedarf eines gesunden Erwachsenen**
Frauen 18 mg; Männer 12 mg.

**➡ Beste Nahrungsquellen**
Fleisch, Hülsenfrüchte, Sojaprodukte, Bierhefe, Sesam, Aprikosen.

**➡ Vitaltipps**
● Eisenmangel ist der am häufigsten vorkommende Mineralstoffmangel. Frauen sind häufiger davon betroffen als Männer.
● Die Ursache für Eisenmangel ist meist falsche Ernährung, starker Blutverlust durch Menstruation, Verletzungen oder Entzündungen im Magen-Darm-Bereich. Außerdem sind viele Schlankheitskuren »Eisenmangeldiäten«.
● Vitamin C und organische Säuren wie Zitronensäure und Milchsäure verbessern die Eisenaufnahme. Obst und Gemüse leisten daher einen wesentlichen Beitrag zur Eisenbilanz des Körpers.
● Aus pflanzlichen Nahrungsmitteln wie Petersilie, Spinat, Kresse, Kopfsalat wird Eisen schlechter aufgenommen.

## Das Wichtigste über Zink (Zn)

### ➡ Gesundheitsnutzen
Bestandteil von rund 160 Enzymen, Stärkung des Immunsystems, Förderung des Stoffwechsels von Eiweiß und Kohlenhydraten, Bestandteil des zuckersenkenden Hormons Insulin, Förderung der Wundheilung, Regulierung des Säure-Base-Haushalts des Körpers.

### ➡ Symptome bei Mangel
Erhöhter Stress bei gleichzeitigem Zinkmangel in der Nahrung, Appetitlosigkeit, Störungen im Eiweiß-, Fett- und Kohlenhydratstoffwechsel, Verlust des Geschmacks- und Geruchsempfindens, Infektanfälligkeit, Haarausfall, schuppige Haut, verzögerte Wundheilung, Wachstumsstörungen, Unfruchtbarkeit.

### ➡ Symptome bei Überdosierung
Magen-Darm-Störungen, Probleme der Muskelkoordination, Blutarmut.

### ➡ Täglicher Bedarf eines gesunden Erwachsenen
15 mg.

### ➡ Beste Nahrungsquellen
Fisch, Schalentiere, Fleisch, Milch(produkte), Vollgetreide.

### ➡ Vitaltipps
- Werden säurehaltige Lebensmittel in Behältern mit Zinküberzug gelagert, so kann es nach Genuss zu einer Zinkvergiftung kommen.
- Giftige Schwermetalle wie Cadmium, Blei, Quecksilber oder Zinn hemmen die Aufnahme von Zink, ebenso kleiereiche Getreideprodukte mit hohem Phytingehalt (ohne Sauerteig hergestelltes Brot; Sauerteiggärung senkt den Phytingehalt um 90 Prozent).
- Eine extreme Zinkzufuhr bewirkt die verstärkte Ausscheidung von Kupfer.

## Das Wichtigste über Kupfer (Cu)

### ➡ Gesundheitsnutzen
Bildung der roten Blutkörperchen, Resorption von Eisen aus dem Darm, Verwertung von gespeichertem Eisen, Bestandteil der Pigmente in Haut und Haaren,

Sauerstoffversorgung des Körpers, Bestandteil zahlreicher Enzyme, Entgiftung von Umweltchemikalien, Stärkung des Immunsystems.

**➡ Symptome bei Mangel**
Blutarmut, Störungen der Knochenbildung und der Pigmentbildung von Haut und Haaren, erhöhte Infektanfälligkeit.

**➡ Symptome bei Überdosierung**
Schädigung von Darmflora und Leber.

**➡ Täglicher Bedarf eines gesunden Erwachsenen**
1,5–3 mg.

**➡ Beste Nahrungsquellen**
Leber, Fleisch, Fisch, Kakao, Nüsse, grüne Blattgemüse, Hülsenfrüchte.

**➡ Vitaltipps**

- Eine zu hohe Kupferzufuhr reizt die Schleimhäute in Mund und Rachen meist so sehr, dass es zum Erbrechen kommt, bevor eine Vergiftung entstehen kann.
- Bei bestimmten Erbkrankheiten (Morbus Wilson) wird vermehrt Kupfer im Gewebe eingelagert. Das Schlucken von Kupferpräparaten ist für solche Menschen lebensgefährlich.

## Das Wichtigste über Mangan (Mn)

**➡ Gesundheitsnutzen**
Bestandteil von zahlreichen Enzymen, Knorpelbildung, Fett- und Kohlenhydratstoffwechsel, Entgiftungsmechanismen, Stärkung des Immunsystems.

**➡ Symptome bei Mangel**
Selten; wurden bisher nur in einigen Fällen künstlicher Ernährung beobachtet; bei Tieren: Wachstumsverzögerungen, Veränderungen des Skeletts, Unfruchtbarkeit, gestörter Fett- und Kohlenhydratstoffwechsel.

**➡ Symptome bei Überdosierung**
Bisher nie beobachtet.

**➡ Täglicher Bedarf eines gesunden Erwachsenen**
2–5 mg.

**➡ Beste Nahrungsquellen**
Nüsse, Hülsenfrüchte, Vollkornprodukte, Bierhefe, Kakao.

**➡ Vitaltipps**

- Bei zu viel Phosphat in der Ernährung kann der Körper nur vermindert Mangan aufnehmen.
- Eisen und Kalzium senken die Resorption von Mangan.

## Das Wichtigste über Jod (J)

**➡ Gesundheitsnutzen**
Als Bestandteil von Schilddrüsenhormonen wichtig für das Funktionieren der Schilddrüse (steuert Wachstums- und Entwicklungsvorgänge sowie die Verbrennung und Ausnutzung der Nahrung).

**➡ Symptome bei Mangel**
Schilddrüsenvergrößerung, Wachstumsverzögerung, Herabsetzung des Stoffwechseltempos, Gewichtszunahme, Konzentrationsschwäche, Müdigkeit, Antriebslosigkeit, sexuelle Unlust, Stimmungsschwankungen.

**➡ Symptome bei Überdosierung**
Jodakne, Magen-Darm-Störungen, Nesselsucht.

**➡ Täglicher Bedarf eines gesunden Erwachsenen**
180–200 $\mu$g.

**➡ Beste Nahrungsquellen**
Seefische, Muscheln, Garnelen; Lebensmittel, die unter Verwendung von jodiertem Speisesalz hergestellt wurden (insbesondere Käse, Wurst, Brot, Kleingebäck).

**➡ Vitaltipps**
- Wer in einem Jodmangelgebiet (gebirgige Regionen mit jodarmem Wasser) lebt, sollte nach Rücksprache mit einem Arzt vorbeugend Jodtabletten einnehmen.
- Die beste Prophylaxe gegen Jodmangel ist, zweimal wöchentlich Seefisch zu essen.
- Jodiertes Speisesalz enthält je 1000 g mindestens 15 mg und höchstens 25 mg Jod. Es unterliegt seit 1989 nicht mehr der Diätverordnung und ist damit ein Lebensmittel des allgemeinen Verzehrs. Es kann anstelle von normalem Speisesalz zur Herstellung von Produkten aller Art verwendet werden.

## Das Wichtigste über Selen (Se)

**➡ Gesundheitsnutzen**
Schutzstoff vielfältiger Natur; Entgiftung von Schadstoffen (Schwermetalle, Wasserstoffperoxid), da Bestandteil des Enzyms Glutathionperoxidase; Verbesserung der Immunantwort, Schutz vor Herzinfarkt und Brustkrebs, Verzögerung von Alterungsprozessen.

**➡ Symptome bei Mangel**
Schäden an Leber, Herzmuskel, Keimdrüsen, Muskeln.

**➡ Symptome bei Überdosierung**
Vergiftung, erkennbar an Haar- und Nagelverlusten, gelblicher Haut und Müdigkeit.

**➡ Täglicher Bedarf eines gesunden Erwachsenen**
20–100 μg.

**➡ Beste Nahrungsquellen**
Süßwasser- und Meeresfische, Fleisch, Sojabohnen, Hummer, Paranüsse.

**➡ Vitaltipps**
- Verfahrenstechnische Eingriffe können den Selengehalt von Lebensmitteln beträchtlich senken. So enthält z. B. Braunreis 15-mal mehr Selen als polierter Reis und Vollkornmehl 50 Prozent mehr Selen als weißes Mehl.
- Es liegen noch wenige Daten über die Resorptionsraten von Selen vor. Auffällig ist, dass die Selenversorgung bei Vegetariern und Nicht-Vegetariern nicht zu unterscheiden ist, obwohl tierische Lebensmittel besonders selenreich sind.
- Selenpräparate sind in hohen Dosen giftig. Anweisungen genau beachten!

## Das Wichtigste über Fluor (F)

**➡ Gesundheitsnutzen**
Härtet Zahnschmelz und Zahnbein; zusammen mit Kalzium wichtig für die Stabilität der Knochen, Muskeln und Bänder.

**➡ Symptome bei Mangel**
Kariesanfälligkeit, brüchige Knochen.

**➡ Symptome bei Überdosierung**
Übelkeit, Erbrechen, Verdrängung von Jod und damit Störung der Schilddrüsenfunktion, weiße Flecken auf den Zähnen, Knochenverformungen, verkalkte Gelenke, 5–10 g sind tödlich.

**➡ Täglicher Bedarf eines gesunden Erwachsenen**
1,5–4 mg.

**➡ Beste Nahrungsquellen**
Lachs, Walnüsse, Ölsardinen, schwarzer Tee, Vollkornprodukte, verschiedene Mineralwässer.

**➡ Vitaltipps**
Zur Bekämpfung von Zahnkaries ist Fluorspeisesalz im Handel erhältlich. Es enthält auf 1000 g neben 5 mg Kaliumiodid 200 mg Natriumfluorid.

# Biostoffe mit speziellem Nutzen fürs Wohlbefinden

## Sekundäre Pflanzenstoffe

Heute weiß man, dass nicht nur Vitamine, Mineralien und Spurenelemente für eine gute Gesundheit unerlässlich sind, sondern dass die Nahrung auch spezielle Bioaktivstoffe, so genannte sekundäre Pflanzenstoffe, enthalten muss. Diese Stoffe sind nicht lebensnotwendig, tragen jedoch entscheidend zur Verbesserung des Wohlbefindens bei und schützen insbesondere vor Zivilisationskrankheiten. Sekundäre Pflanzenstoffe sind die typischen Farb-, Geruchs- und Geschmacksstoffe sowie bei Obst und Gemüse die pflanzeneigenen Enzyme. Sie gehören enorm vielen chemischen Substanzklassen an. Ihr Nutzen für die Gesundheit ist vielfältig:

- Sie aktivieren Entgiftungsenzyme,
- sie schützen vor Sauerstoffstress,
- sie schützen vor Krebsentstehung.

Um eine dauerhafte Wirkung für die Gesundheit zu erzielen, müssen solche Bio-

**Wirkungen und Vorkommen sekundärer Pflanzenstoffe**

| | |
|---|---|
| Schutz vor Krebs | Kohlgewächse, Aprikosen, Kürbis, Mangold |
| Schutz vor Krankheitserregern | Zwiebeln, Lauch, Knoblauch, Porree |
| Schutz vor Sauerstoffstress (freie Radikale) | rote Früchte |
| Senkung des Cholesterinspiegels | Pflanzensamen (Sonnenblumenkerne, Sesamsamen), Hülsenfrüchte (Erbsen, Linsen, Bohnen), Rosmarin, Salbei |
| Stärkung des Immunsystems | Karotten, Aprikosen |

stoffe regelmäßig und in einer entsprechenden Menge gegessen werden. Mit normaler Mischkost nimmt der Bundesbürger im Durchschnitt 1,5–2 g dieser Aktivstoffe zu sich. Wünschenswert wäre die doppelte Menge. Daher:

- täglich zwei Portionen Obst,
- täglich zwei bis drei Portionen Gemüse,
- Lebensmittel möglichst wenig bearbeiten, am besten roh essen,
- täglich Vollkornprodukte,
- mehr pflanzliche und weniger tierische Lebensmittel,
- bunte Obst- und Gemüsesorten gegenüber blassen bevorzugen, also rote Zwiebeln, dunkelgelbe und rote Äpfel, reife und dunkelrote Tomaten, rote Orangen und Grapefruit, dunkelgrüner Salat etc.

## Energie durch L-Carnitin

L-Carnitin ist eine kleine Eiweißverbindung, die dafür sorgt, dass die mit der Nahrung zugeführten Fettsäuren, ein Bestandteil jedes Fetts, Energie gewinnend verbrannt werden. Dieser Verbrennungsvorgang findet in den Mitochondrien statt, spezialisierten Zellteilen, die wie kleine Kraftwerke arbeiten.

L-Carnitin schleppt die Fettsäuren durch die Zellwand in die Verbrennungsöfen. Fehlt L-Carnitin, kommt die Fettverbrennung zum Stillstand. Die Leber stellt diese Substanz aus den beiden Aminosäuren Lysin und Methionin her, aber nur dann, wenn auch ausreichend Eiweiß zur Verfügung steht.

Bei gemischter Kost werden täglich etwa 10–70 mg L-Carnitin zugeführt. Nach Einschätzung verschiedener Forscher ist dies jedoch zu wenig. Sie empfehlen daher, L-Carnitin ein Leben lang täglich zusätzlich einzunehmen (gesunde Erwachsene ohne besonderen Stress täglich 1 g).

Pflanzliche Kost enthält diese Substanz praktisch überhaupt nicht. Strenge Vegetarier geraten deshalb –

**Vorkommen von L-Carnitin in mg in 100 g Lebensmittel**

| | |
|---|---|
| Rindfleisch | 60 |
| Schweinefleisch | 30 |
| Lammfleisch | 210 |
| Tomaten | 2,9 |
| Birnen | 2,7 |
| Erbsen | 1,2 |
| Kartoffeln, Karotten | 0 |

insbesondere, wenn sie viel Sport treiben – leicht in eine Unterversorgung.

Einen Carnitinmangel haben ferner Säuglinge, die nicht gestillt werden. Bei Babys wird noch nicht ausreichend Carnitin gebildet, daher sind sie auf die Zufuhr durch Muttermilch angewiesen. Häufig werden Säuglinge mit Sojamilch ernährt. Diese enthält jedoch überhaupt kein Carnitin.

## Munter durch Coenzym Q10

Coenzym Q10 besitzt strukturelle Ähnlichkeit mit den Vitaminen E und K. Es zählt zu den fettlöslichen Vitaminen und kann auch im Körper synthetisiert werden. Mit fortschreitendem Lebensalter wird immer weniger Coenzym Q10 gebildet, so dass eine Nahrungsergänzung angezeigt sein kann.

Coenzym Q10 hat wichtige Funktionen beim Energiestoffwechsel und wirkt als Antioxidans. Es sorgt dafür, dass aus den Nahrungsbestandteilen Energie gewonnen wird. Davon profitieren Organe, die permanent arbeiten müssen, wie Herz und Muskulatur, aber auch das Immunsystem.

Die Substanz ist in den Nahrungsmitteln weit verbreitet, kann aber leicht zerstört werden, insbesondere durch Lebensmittelkonservierung. Wer sich von Konserven ernährt, hat immer einen Mangel an diesem Vitalstoff.

Ferner können Mängel durch eine gestörte Synthese im Körper bei einem Mangel an Folsäure, Pantothensäure, Niacin oder Vitamin $B_1$ entstehen. Besonders empfindlich trifft ein Mangel das Herz. Schon ein geringes Defizit hat eine Störung der Herzfunktion zur Folge.

**Lebensmittel mit hohem Gehalt an Coenzym Q10**

Muskelfleisch, Leber, Fisch, Eier

Empfehlenswert ist eine Nahrungsergänzung mit Coenzym Q10 ab dem mittleren Lebensalter. Die empfohlene Tagesdosis beträgt 10–30 mg in Form dünndarmlöslicher Kapseln.

## Guter Schlaf durch Melatonin

Melatonin ist das körpereigene Schlafhormon. Es wird mit einsetzender Dunkelheit (gemessen durch die Augen) von der Zirbeldrüse im Gehirn ausgeschüttet und stimuliert die Schlafbereitschaft sowie das Schlafmuster. Bei Tageslicht wird die Produktion wieder gestoppt, die Müdigkeit verfliegt.

Melatonin wird aus der Vorstufe Tryptophan hergestellt. Sie kommt in Käse, Erdnüssen, Truthahnfleisch, Rinderfilet, Hühnerei und Milch reichlich vor. Doch erst zuckerhaltige Lebensmittel sorgen dafür, dass die Melatoninproduktion so richtig beginnt. Man sollte deshalb im Abendessen eiweiß- und kohlenhydrathaltige Nahrungsmittel kombinieren.

Melatonin wurde in den letzten Jahren vielfach als Jungbrunnen angepriesen. Tatsächlich kann Melatonin zu mehr Energie und jugendlichem Schwung verhelfen, allerdings durch einen verblüffend einfachen Mechanismus: Das Geheimnis ist guter Schlaf. Der Schlaf ist die natürliche Verjüngungskur des Organismus. Dabei wird der gesamte Körper regeneriert und wieder fit gemacht. Menschen, die gut und ausreichend schlafen, sehen immer jünger und vitaler aus als ihre unausgeschlafenen Zeitgenossen.

Wer unter schlechtem Schlaf leidet, sollte zunächst seine Lebens- und Schlafgewohnheiten überprüfen. Oft liegt hier die Ursache für die gestörte Nachtruhe.

Die folgenden Ernährungstipps unterstützen den Melatoninhaushalt im Körper:

- Melatonin wird aus der Aminosäure Tryptophan hergestellt, die in Käse, Erdnüssen, Truthahnfleisch, Rinderfilet, Hühnerei oder Milch reichlich vorkommt. Doch erst Zuckerhaltiges sorgt für eine richtige Melatoninproduktion. Kombinieren Sie vor allem beim Abendessen eiweiß- und kohlenhydrathaltige Nahrungsmittel, meiden Sie aber isolierten Zucker wie z. B. in Süßigkeiten, Limonaden, Gebäck etc.

- Es gibt auch Pflanzen, die ganz beachtliche Mengen an Melatonin enthalten. Die unten stehende Tabelle gibt darüber Auskunft.

Ein schlafförderndes Abendessen sollte also insbesondere Lebensmittel aus den Gruppen B und C enthalten.

- Trinken Sie einen Schlaftee. Frei verkäufliche Teemischungen mit schlaffördernder und beruhigender Wirkung bestehen aus Baldrian, Hopfen, Johanniskraut, Melisse und Weißdorn. Solche Kräutermischungen enthalten rund 160–700 µg Melatonin in 100 g Trockengewicht, also eher homöopathische Dosen, haben aber dennoch eine schlaffördernde Wirkung.

Daneben enthalten diese Heilpflanzen noch weitere Inhaltsstoffe, die ein überreiztes vegetatives Nervensystem dämpfen und so zu nächtlicher Ruhe verhelfen.

**Melatonin in Lebensmitteln**

*(Mengenangabe pro 100 g essbarem Anteil)*

| | | | |
|---|---|---|---|
| **A** 0–50 µg | Ananas | Apfel | Apfelsine |
| | Banane | Erdbeere | Gerste |
| | Gurke | Kartoffel | Kiwi |
| | Kohl | Paprika | Rote Bete |
| | Spargel | Spinat | Weintraube |
| | Zwiebel | | |
| **B** 50–100 µg | Ingwer | Karotte | Nüsse |
| | Rettich | Sellerie | Tomate |
| **C** mehr als 100 µg | Hafer | Mais | Reis |

zitiert nach: R. Dubbels, Poster Nr. 12, Bremer Krebskongress, 12.–14.10.1995

**Folgende Arzneipflanzen enthalten**
**170–380 µg Melatonin/100 g Trockengewicht**

Bärlauch (Allium ursinum), Baldrian (Valeriana officinalis), Johanniskraut (Hypericum perforatum), Ringelblume (Calendula officinalis), Lapachobaum (Tabebuia avellanedae).

zitiert nach: R. Dubbels, a.a.O.

- Ein ganz hervorragendes Schlafmittel ist Magnesium. Es vermindert Nervosität und Erregbarkeit und schenkt so angenehmen Schlaf.

  100–200 mg Magnesium, eine halbe Stunde vor dem Schlafengehen eingenommen (am besten als Brausetablette), wirkt oft Wunder.

- Suchen Sie bei jeder länger andauernden Schlafstörung einen Arzt auf, und warten Sie nicht darauf, dass sich das Problem »irgendwie von selbst« wieder löst. Die Schlafstunden in Ihrem Leben sind zu kostbar, als dass Sie leichtfertig darauf verzichten könnten.

- Nehmen Sie nicht unkontrolliert das in der Laienpresse als Jungbrunnen angepriesene Schlafhormon Melatonin ein. Auch wenn dieses Hormon als körpereigener Wirkstoff im allgemeinen gut vertragen wird, sollte eine Einnahme sorgfältig überlegt werden.

Indikationen für eine Melatonineinnahme sind:

- hartnäckige Schlafstörungen, die sich durch eine Änderung der Lebensumstände/Schlafgewohnheiten nicht bekämpfen lassen,
- zeitlich begrenzte Schlafstörungen bei Jetlag und Schichtarbeit,
- manche Erkrankungen (z. B. Herz- und Kreislauferkrankungen, Wochenbettdepression, Epilepsie, Alzheimerkrankheit, Down-Syndrom, bestimmte Krebsformen, klimakterische Beschwerden).

# Hinweise zur Benutzung der Vitamin- und Mineralstofftabellen

Im folgenden 2. Teil des Buches finden Sie die Angaben zu den Vitamin- und Mineralstoffgehalten der gebräuchlichen Nahrungsmittel. Alle Werte beziehen sich, falls nicht anders angegeben, auf 100 Gramm verzehr- bzw. küchenfertige Rohware. Die Einheit zum jeweiligen Vitamin- und Mineralstoffgehalt steht in der Kopfleiste jeweils in Klammern. 1 mg (Milligramm) entspricht 1/1000 g, 1 µg (Mikrogramm) entspricht 1/1000 mg. Wenn ein Sternchen (*) in einer Spalte steht, bedeutet dies, dass hierzu keine oder keine zuverlässigen Daten vorliegen; ein Pluszeichen (+) bedeutet, dass die jeweilige Substanz nur in kleinen Mengen (Spuren) vorhanden ist. Vitamin A, das nur in tierischen Produkten vorkommt, aber als Provitamin A bzw. als Carotin auch in Früchten und Gemüsen vorhanden ist, wurde in Vitamin-A-Äquivalente umgerechnet.

Wenn Sie den Vitamin- und Mineralstoffgehalt einer Mahlzeit berechnen wollen, müssen Sie jede Zutat nachschlagen und die im Rezept verwendete Menge mit dem 100-Gramm-Wert der Tabelle multiplizieren. Beispiel: 100 Gramm frische Mango haben laut Tabelle 201 µg Vitamin A (bzw. Vitamin-A-Äquivalente). Wenn Ihr Rezept 125 g frische Mango enthält, rechnen Sie 201 x 1,25 = 251,25. Addieren Sie die errechneten Werte aller Zutaten, und runden Sie das Ergebnis auf eine ganze Zahl. Beachten Sie, dass bei der Be- und Verarbeitung sowie beim Erhitzen und Garen von Rohware mehr oder weniger große Vitamin- und Mineralstoffverluste entstehen.

## Vitaminverluste durch Zubereitung

| Vitamin | Maximaler Verlust beim Kochen in % | Maximaler Verlust beim Grillen und Braten in % (* = keine Angaben) |
|---|---|---|
| Vitamin A | 40 | * |
| Beta-Carotin | 30 | * |
| Vitamin D | 40 | * |
| Vitamin E | 55 | * |
| Vitamin K | 5 | * |
| Vitamin $B_1$ | 80 | 20–40 |
| Vitamin $B_2$ | 75 | 10–20 |
| Niacin | 70 | 10–30 |
| Vitamin $B_6$ | 50 | 0–40 |
| Vitamin $B_{12}$ | * | * |
| Folsäure | 100 | * |
| Pantothensäure | 50 | 20 |
| Vitamin C | 100 | * |
| Biotin | 60 | * |

### ➡ Tipps zur Verringerung von Vitaminverlusten

- Kaufen Sie Obst und Gemüse aus der Region. Diese sind meist frischer als Ware, die lange Transportwege hinter sich hat.
- Lagern Sie Obst und Gemüse im unteren Fach des Kühlschranks. Verzehren Sie es möglichst frisch.
- Kälteempfindliche Sorten wie Kartoffeln, Gurken, Südfrüchte, Bananen und Äpfel werden am besten im kühlen Keller oder in der Speisekammer gelagert.
- Waschen ist besser als schälen. Waschen Sie Obst und Gemüse gründlich, aber schälen Sie möglichst nicht, da viele Vitamine direkt unter der Schale sitzen.
- Garen Sie Gemüse in wenig Wasser, am besten im Dampftopf. Die Kochflüssigkeit von Gemüse kann zum Beispiel für Saucen weiter verwendet werden.
- Halten Sie Speisen nicht warm. Besser ist es, sie abkühlen zu lassen und gegebenenfalls neu aufzuwärmen.

# MILCH, MILCHPRODUKTE, KÄSE, EIER

| Vitamingehalt ausgewählter Nahrungsmittel (pro 100 g verzehrfertiger Anteil) | A (µg) | D (µg) | E (mg) | K (µg) | $B_1$ (mg) | $B_2$ (mg) |
|---|---|---|---|---|---|---|
| **Milch** | | | | | | |
| Kuhmilch, (H) 3,5 % Fett | 31 | + | 0,1 | * | 0,04 | 0,18 |
| – H-Milch, fettarm | 13 | + | + | * | 0,04 | 0,18 |
| – Rohmilch (Vorzugsmilch) | 33 | + | 0,1 | * | 0,04 | 0,18 |
| – Trinkmilch, 3,5 % Fett | 31 | + | 0,1 | * | 0,04 | 0,18 |
| – Trinkmilch, fettarm | 13 | + | + | * | 0,04 | 0,18 |
| Ziegenmilch | 73 | + | * | * | 0,05 | 0,15 |
| **Milchprodukte** | | | | | | |
| Buttermilch | 9 | + | + | * | 0,03 | 0,16 |
| Joghurt, 3,5 % Fett | 31 | + | + | * | 0,03 | 0,18 |
| – fettarm | 13 | + | + | * | 0,03 | 0,18 |
| – mager | 1 | + | + | * | 0,03 | 0,19 |
| Kefir, 3,5 % Fett | 31 | + | 0,1 | * | 0,03 | 0,18 |
| Kondensmilch, 7,5 % Fett | 53 | + | 0,2 | * | 0,07 | 0,37 |
| – 10 % Fett | 72 | + | 0,2 | * | 0,09 | 0,48 |
| Molke (Süß-) | 3 | + | + | * | 0,04 | 0,15 |
| Sahne, 10 % Fett (Kaffeerahm) | 74 | + | 0,3 | * | 0,03 | 0,16 |
| – 30 % Fett (Schlagsahne) | 275 | + | 0,8 | * | 0,03 | 0,15 |
| – Crème double, 42 % Fett | 470 | 0,86 | 1,3 | * | 0,03 | 0,13 |
| **Käse** | | | | | | |
| 1. Frischkäse | | | | | | |
| – Rahm-, 50 % F. i. Tr. | * | 0,41 | 0,61 | * | 0,02 | 0,25 |
| – Doppelrahm-, 60 % F. i. Tr. | 310 | 0,56 | 0,84 | * | 0,02 | 0,21 |
| – Doppelrahm-, 70 % F. i. Tr. | 340 | 0,62 | 0,93 | * | 0,02 | 0,21 |
| Feta, 45 % F. i. Tr. | 210 | 0,38 | 0,56 | * | 0,04 | 0,03 |
| Körniger Frischkäse, 20 % F. i. Tr. | 60 | 0,10 | 0,15 | * | 0,03 | 0,24 |
| Speisequark, 40 % F. i. Tr. | 110 | 0,21 | 0,31 | * | 0,03 | 0,27 |
| Speisequark, 20 % F. i. Tr. | 50 | 0,09 | 0,13 | * | 0,03 | 0,29 |
| Speisequark, mager | 0 | 0 | 0 | * | 0,03 | 0,30 |
| 2. Gereifter Käse | | | | | | |
| Bavaria blu, 70 % F. i. Tr. | 190 | 0,08 | 1,2 | * | 0,06 | 0,45 |

**Zeichenerklärung:** * keine Daten verfügbar; + in Spuren enthalten

| Niacin (mg) | B6 (mg) | Panthothensäure (mg) | Folsäure (mg) | Biotin (mg) | B12 (µg) | C (mg) | Vitamingehalt ausgewählter Nahrungsmittel (pro 100 g verzehrfertiger Anteil) |
|---|---|---|---|---|---|---|---|
| | | | | | | | **Milch** |
| 0,1 | 0,05 | 0,36 | 0,045 | 3,5 | 0,4 | 1 | Kuhmilch, (H) 3,5 % Fett |
| 0,1 | 0,05 | 0,37 | 0,045 | 3,5 | 0,4 | 1 | – H-Milch, fettarm |
| 0,1 | 0,05 | * | * | * | 0,4 | 2 | – Rohmilch (Vorzugsmilch) |
| 0,1 | 0,05 | 0,36 | 0,045 | 3,5 | 0,4 | 1 | – Trinkmilch, 3,5 % Fett |
| 0,1 | 0,05 | 0,37 | 0,045 | 3,5 | * | 1 | – Trinkmilch, fettarm |
| 0,3 | 0,03 | * | * | * | * | 2 | Ziegenmilch |
| | | | | | | | **Milchprodukte** |
| 0,1 | 0,04 | 0,35 | 0,009 | 3,4 | 0,2 | 1 | Buttermilch |
| 0,1 | 0,05 | 0,36 | 0,01 | 3,5 | 0,5 | 1 | Joghurt, 3,5 % Fett |
| 0,1 | 0,05 | 0,37 | 0,01 | 3,6 | 0,5 | 1 | – fettarm |
| 0,1 | 0,05 | 0,37 | 0,01 | 3,6 | 0,5 | 1 | – mager |
| 0,1 | 0,05 | 0,36 | 0,005 | 3,5 | 0,5 | 1 | Kefir, 3,5 % Fett |
| 0,2 | 0,06 | * | * | * | * | 2 | Kondensmilch, 7,5 % Fett |
| 0,3 | 0,08 | * | * | * | * | 3 | – 10 % Fett |
| 0,2 | 0,04 | * | * | * | * | 1 | Molke (Süß-) |
| 0,1 | 0,04 | 0,42 | 0,012 | 4,0 | 0,5 | 1 | Sahne, 10 % Fett (Kaffeerahm) |
| 0,1 | 0,04 | 0,34 | 0,01 | 3,3 | 0,4 | 1 | – 30 % Fett (Schlagsahne) |
| 0,09 | 0,03 | 0,30 | + | 2,9 | 0,3 | 1 | – Crème double, 42 % Fett |
| | | | | | | | **Käse** |
| | | | | | | | 1. Frischkäse |
| 0,08 | 0,05 | 0,6 | 0,025 | 5,9 | 0,7 | 0 | – Rahm-, 50 % F. i. Tr. |
| 0,07 | 0,06 | 0,48 | 0,021 | 4,6 | 0,63 | 0 | – Doppelrahm-, 60 % F. i. Tr. |
| 0,07 | 0,04 | 0,47 | 0,021 | 4,6 | 0,62 | 0 | – Doppelrahm-, 70 % F. i. Tr. |
| 0,20 | 0,10 | 0,50 | 0,030 | 2,4 | 1,5 | 0 | Feta, 45 % F. i. Tr. |
| 0,10 | 0,06 | 0,57 | 0,015 | 6,4 | 1,0 | 0 | Körniger Frischkäse, 20 % F. i. Tr. |
| 0,10 | 0,06 | 0,61 | 0,027 | 6,0 | 0,10 | 0 | Speisequark, 40 % F. i. Tr. |
| 0,10 | 0,06 | 0,68 | 0,030 | 6,4 | 1,0 | 0 | Speisequark, 20 % F. i. Tr. |
| 0,10 | 0,06 | 0,74 | 0,030 | 7,0 | 1,0 | 0 | Speisequark, mager |
| | | | | | | | 2. Gereifter Käse |
| 1,3 | 0,16 | 0,50 | 0,060 | 2,6 | 1,8 | 0 | Bavaria blu, 70 % F. i. Tr. |

# MILCH, MILCHPRODUKTE, KÄSE, EIER

| **Vitamingehalt ausgewählter Nahrungsmittel (pro 100 g verzehrfertiger Anteil)** | A (µg) | D (µg) | E (mg) | K (µg) | $B_1$ (mg) | $B_2$ (mg) |
|---|---|---|---|---|---|---|
| Camembert, 60 % F. i. Tr. | 370 | 0,66 | 1,0 | * | 0,04 | 0,40 |
| – 45 % F. i. Tr. | 240 | 0,44 | 0,65 | * | 0,04 | 0,52 |
| – 30 % F. i. Tr. | 140 | 0,26 | 0,38 | * | 0,04 | 0,56 |
| Edamer, deutscher, 45 % F. i. Tr. | 280 | 0,51 | 0,76 | * | 0,04 | 0,30 |
| – 30 % F. i. Tr. | 180 | 0,32 | 0,50 | * | 0,04 | 0,35 |
| Emmentaler, 45 % F. i. Tr. | 330 | 0,60 | 0,90 | * | 0,04 | 0,32 |
| Gouda, 48 % F. i. Tr. | 310 | 0,56 | 0,84 | * | 0,04 | 0,30 |
| – deutscher, 40 % F. i. Tr. | 250 | 0,45 | 0,67 | * | 0,04 | 0,30 |
| Harzer, Mainzer Handkäse | 10 | 0,01 | 0,02 | * | 0,03 | 0,35 |
| Leerdamer, 45 % F. i. Tr. | 300 | 0,55 | 0,83 | * | 0,04 | 0,35 |
| Parmesan, 32 % F. i. Tr. | 250 | 0,45 | 0,68 | * | 0,03 | 0,50 |
| Raclette, 48 % F. i. Tr. | 310 | 0,56 | 0,84 | * | 0,04 | 0,30 |
| Schmelzkäse, 45 % F. i. Tr. | 260 | 0,48 | 0,72 | * | 0,03 | 0,38 |
| Tilsiter, 45 % F. i. Tr. | 280 | 0,51 | 0,76 | * | 0,04 | 0,35 |
| Westberg, 45 % F. i. Tr. | 300 | 0,55 | 0,83 | * | 0,04 | 0,35 |
| Ziegenweichkäse, 45 % F. i. Tr. | 250 | 1,4 | 0,60 | * | 0,05 | 0,50 |
| **Eier** | | | | | | |
| 1 Hühnerei (Gew. Kl. M) | 105 | * | 0,4 | * | 0,07 | 0,18 |
| 1 Hühnerei (Gew. Kl. S) | 88 | * | 0,3 | * | 0,06 | 0,15 |
| 1 Eidotter, mittelgroß, 19 g | 105 | * | 0,4 | * | 0,06 | 0,08 |
| 1 Eiklar, mittelgroß, 33 g | + | * | 0 | * | 0,01 | 0,11 |

**Zeichenerklärung:** * keine Daten verfügbar; + in Spuren enthalten

| Niacin (mg) | B6 (mg) | Panthothen-säure (mg) | Folsäure (mg) | Biotin (mg) | B12 (µg) | C (mg) | Vitamingehalt ausgewählter Nahrungsmittel (pro 100 g verzehrfertiger Anteil) |
|---|---|---|---|---|---|---|---|
| 1,2 | 0,12 | 0,32 | 0,060 | 4,8 | 1,8 | 0 | Camembert, 60 % F. i. Tr. |
| 1,2 | 0,15 | 0,40 | 0,080 | 6,0 | 1,8 | 0 | – 45 % F. i. Tr. |
| 1,2 | 0,15 | 0,43 | 0,087 | 6,5 | 2,0 | 0 | – 30 % F. i. Tr. |
| 0,1 | 0,07 | 0,40 | 0,033 | 1,5 | 1,9 | 0 | Edamer, deutscher, 45 % F. i. Tr. |
| 0,1 | 0,07 | 0,40 | 0,040 | 1,7 | 2,2 | 0 | – 30 % F. i. Tr. |
| 0,1 | 0,11 | 0,04 | 0,020 | 3,0 | 2,7 | 0 | Emmentaler, 45 % F. i. Tr. |
| 0,1 | 0,06 | 0,04 | 0,033 | 1,5 | 1,9 | 0 | Gouda, 48 % F. i. Tr. |
| 0,1 | 0,07 | 0,40 | 0,036 | 1,5 | 1,9 | 0 | – deutscher, 40 % F. i. Tr. |
| 0,7 | 0,03 | 0,60 | 0,003 | 1,4 | 2,0 | 0 | Harzer, Mainzer Handkäse |
| 0,1 | 0,06 | 0,40 | 0,030 | 2,0 | 2,0 | 0 | Leerdamer, 45 % F. i. Tr. |
| 0,2 | 0,10 | 1,2 | 0,007 | 2,8 | 2,0 | 0 | Parmesan, 32 % F. i. Tr. |
| 0,1 | 0,06 | 0,40 | 0,033 | 1,5 | 2,0 | 0 | Raclette, 48 % F. i. Tr. |
| 0,2 | 0,07 | 1,0 | 0,018 | 4,0 | 2,0 | 0 | Schmelzkäse, 45 % F. i. Tr. |
| 0,1 | 0,06 | 0,50 | 0,030 | 2,0 | 2,0 | 0 | Tilsiter, 45 % F. i. Tr. |
| 0,1 | 0,06 | 0,40 | 0,030 | 2,0 | 2,3 | 0 | Westberg, 45 % F. i. Tr. |
| 3,5 | 0,20 | 1,2 | 0,008 | 10,0 | 2,8 | 0 | Ziegenweichkäse, 45 % F. i. Tr. |
| | | | | | | | **Eier** |
| + | 0,06 | * | * | * | * | + | 1 Hühnerei (Gew. Kl. M) |
| + | 0,05 | * | * | * | * | 0 | 1 Hühnerei (Gew. Kl. S) |
| + | 0,06 | * | * | * | * | 0 | 1 Eidotter, mittelgroß, 19 g |
| + | + | * | * | * | * | + | 1 Eiklar, mittelgroß, 33 g |

TopVital

# FETTE UND ÖLE

| Vitamingehalt ausgewählter Nahrungsmittel (pro 100 g verzehrfertiger Anteil) | A (µg) | D (µg) | E (mg) | K (µg) | $B_1$ (mg) | $B_2$ (mg) |
|---|---|---|---|---|---|---|
| **Tierische Fette und Öle** | | | | | | |
| Butter | 777 | 1,3 | 2,0 | * | 0,01 | 0,02 |
| Butterschmalz | 930 | 1,6 | 2,4 | * | 0 | 0 |
| Lebertran | 25500 | * | 3,3 | * | * | 0 |
| Rindertalg | 280 | * | 1,3 | * | 0 | 0 |
| Schweineschmalz | 0 | * | 1,0 | * | 0,01 | 0,11 |
| **Pflanzliche Fette und Öle** | | | | | | |
| Baumwollsaatöl | + | * | 52,0 | * | * | * |
| Erdnussöl | 0 | * | 25,5 | * | * | * |
| Erdnusspaste (Erdnussmus) | * | * | * | * | 0,12 | 0,10 |
| Kokosfett, gereinigt | + | * | 0,6 | * | 0 | 0 |
| Leinöl | * | * | 5,2 | * | * | * |
| Maiskeimöl | 23 | * | 31,1 | * | * | * |
| Margarine | 608 | * | 13,6 | * | * | * |
| Mayonnaise, 80 % Fett | 84 | * | 15,0 | * | 0,02 | 0,04 |
| Olivenöl | 120 | * | 13,2 | * | 0 | 0 |
| Palmöl | 9400 | * | 24,5 | * | * | * |
| Rapsöl | 550 | * | 18,2 | 150 | * | * |
| Safloröl (Distelöl) | * | * | 28,7 | * | * | * |
| Sesamöl | * | * | 28,3 | * | * | * |
| Sojaöl | 5,83 | * | 29,0 | * | * | * |
| Sonnenblumenöl | 4 | * | 50,0 | * | * | * |
| Walnusskernöl | * | * | 38,8 | * | * | * |
| Weizenkeimöl | * | * | 59,4 | * | * | * |

**Zeichenerklärung:** * keine Daten verfügbar; + in Spuren enthalten

| Niacin (mg) | B6 (mg) | Panthothen-säure (mg) | Folsäure (mg) | Biotin (mg) | $B_{12}$ (µg) | C (mg) | Vitamingehalt ausgewählter Nahrungsmittel (pro 100 g verzehrfertiger Anteil) |
|---|---|---|---|---|---|---|---|
| | | | | | | | **Tierische Fette und Öle** |
| 0,04 | 0,01 | 0,05 | 0 | 0 | 0 | 0 | Butter |
| 0 | 0 | 0 | 0 | 0 | 0 | 0 | Butterschmalz |
| 0 | 0 | * | * | * | * | * | Lebertran |
| 0 | 0 | * | * | * | * | * | Rindertalg |
| + | + | * | * | * | * | 0 | Schweineschmalz |
| | | | | | | | **Pflanzliche Fette und Öle** |
| * | * | * | * | * | * | * | Baumwollsaatöl |
| * | * | * | * | * | * | * | Erdnussöl |
| 16,2 | * | * | * | * | * | * | Erdnusspaste (Erdnussmus) |
| 0 | * | * | * | * | * | * | Kokosfett, gereinigt |
| * | * | * | * | * | * | * | Leinöl |
| * | * | * | * | * | * | * | Maiskeimöl |
| + | * | * | * | * | * | + | Margarine |
| + | 0,01 | * | * | * | * | 0 | Mayonnaise, 80 % Fett |
| 0 | * | * | * | * | * | 0 | Olivenöl |
| * | * | * | * | * | * | * | Palmöl |
| * | * | * | * | * | * | * | Rapsöl |
| * | * | * | * | * | * | * | Safloröl (Distelöl) |
| * | * | * | * | * | * | * | Sesamöl |
| * | * | * | * | * | * | * | Sojaöl |
| * | * | * | * | * | * | * | Sonnenblumenöl |
| * | * | * | * | * | * | * | Walnusskernöl |
| * | * | * | * | * | * | * | Weizenkeimöl |

# FISCHE UND MEERESFRÜCHTE

| **Vitamingehalt ausgewählter Nahrungsmittel (pro 100 g verzehrfertiger Anteil)** | A (µg) | D (µg) | E (mg) | K (µg) | $B_1$ (mg) | $B_2$ (mg) |
|---|---|---|---|---|---|---|
| **Seefische** | | | | | | |
| Flunder | 10 | * | 0,3 | * | 0,22 | 0,21 |
| Heilbutt | 32 | 5,0 | 0,9 | * | 0,08 | 0,07 |
| Hering | 38 | 31,0 | 1,5 | * | 0,04 | 0,22 |
| Kabeljau (Dorsch) | 10 | 1,3 | 0,3 | * | 0,06 | 0,05 |
| Katfisch (Steinbeißer) | 18 | 0,5 | 2,1 | * | 0,20 | 0,06 |
| Makrele | 100 | 1,0 | 1,6 | * | 0,14 | 0,35 |
| Ostseehering | 20 | 7,8 | 0,7 | * | 0,06 | 0,24 |
| Rotbarsch (Goldbarsch) | 12 | 2,3 | 1,3 | * | 0,11 | 0,08 |
| Schellfisch | 17 | * | 0,4 | * | 0,05 | 0,17 |
| Scholle | 3 | * | * | * | 0,21 | 0,22 |
| Seelachs (Köhler) | 10 | * | * | * | 0,09 | 0,35 |
| Seezunge | + | * | * | * | 0,06 | 0,10 |
| Steinbutt | + | * | * | * | 0,02 | 0,15 |
| Tunfisch | 450 | 5,4 | * | * | 0,16 | 0,16 |
| **Süßwasserfische** | | | | | | |
| Aal (Flussaal) | 980 | 13,0 | * | * | 0,18 | 0,32 |
| Barsch (Flussbarsch) | 7 | * | 1,1 | * | 0,08 | 0,12 |
| Forelle (Bachforelle) | 45 | * | * | * | 0,08 | 0,08 |
| Hecht | 15 | * | 0,7 | * | 0,09 | 0,06 |
| Karpfen | 44 | * | 0,5 | * | 0,07 | 0,05 |
| Lachs | 41 | 16,3 | 1,7 | * | 0,17 | 0,17 |
| Schleie | 1 | * | * | * | 0,08 | 0,18 |
| Zander | * | * | * | * | 0,16 | 0,25 |
| **Meeresfrüchte** | | | | | | |
| Garnele, Speisekrabbe | 2 | * | * | * | 0,05 | 0,03 |
| Hummer | 0 | * | 1,5 | * | 0,13 | 0,09 |
| Languste | 25 | * | * | * | 0,01 | 0,08 |
| Miesmuschel (Pfahlmuschel) | 54 | * | 0,8 | * | 0,16 | 0,22 |

**Zeichenerklärung:** * keine Daten verfügbar; + in Spuren enthalten

| Niacin (mg) | $B_6$ (mg) | Panthothen-säure (mg) | Folsäure (mg) | Biotin (mg) | $B_{12}$ (µg) | C (mg) | **Vitamingehalt ausgewählter Nahrungsmittel (pro 100 g verzehrfertiger Anteil)** |
|---|---|---|---|---|---|---|---|
| | | | | | | | **Seefische** |
| 3,4 | 0,25 | * | * | * | 1,0 | * | Flunder |
| 5,9 | 0,42 | * | * | * | 1,0 | * | Heilbutt |
| 3,8 | 0,45 | 0,94 | * | * | 8,5 | + | Hering |
| 2,1 | 0,20 | * | * | * | 0,5 | 2 | Kabeljau (Dorsch) |
| 2,4 | * | * | * | * | * | * | Katfisch (Steinbeißer) |
| 7,7 | 0,63 | * | * | * | 9,0 | + | Makrele |
| 4,3 | * | 9,3 | * | * | * | * | Ostseehering |
| 2,5 | * | * | * | * | 3,8 | 1 | Rotbarsch (Goldbarsch) |
| 3,1 | * | * | * | * | * | * | Schellfisch |
| 4,0 | 0,22 | 1,2 | * | * | 1,45 | 2 | Scholle |
| 4,0 | * | * | * | * | 3,5 | * | Seelachs (Köhler) |
| 3,0 | * | * | * | * | * | * | Seezunge |
| 3,0 | * | * | * | * | * | * | Steinbutt |
| 8,5 | 0,46 | * | * | * | 4,25 | * | Tunfisch |
| | | | | | | | **Süßwasserfische** |
| 2,6 | 0,28 | * | * | * | 1,0 | * | Aal (Flussaal) |
| 1,7 | * | * | * | * | * | * | Barsch (Flussbarsch) |
| 3,4 | * | * | * | * | * | * | Forelle (Bachforelle) |
| 1,6 | 0,15 | * | * | * | * | * | Hecht |
| 1,9 | 0,15 | * | * | * | * | 1 | Karpfen |
| 7,5 | 0,98 | * | * | * | 2,9 | 1 | Lachs |
| 4,0 | * | * | * | * | * | 1 | Schleie |
| 2,3 | * | * | * | * | * | 1 | Zander |
| | | | | | | | **Meeresfrüchte** |
| 2,4 | 0,13 | * | * | * | * | 2 | Garnele, Speisekrabbe |
| 1,8 | 1,18 | * | * | * | * | 5 | Hummer |
| 3,0 | * | * | * | * | * | 2 | Languste |
| 1,6 | * | * | * | * | * | 3 | Miesmuschel (Pfahlmuschel) |

# FLEISCH UND GEFLÜGEL

| Vitamingehalt ausgewählter Nahrungsmittel (pro 100 g verzehrfertiger Anteil) | A (µg) | D (µg) | E (mg) | K (µg) | $B_1$ (mg) | $B_2$ (mg) |
|---|---|---|---|---|---|---|
| **Schweinefleisch** | | | | | | |
| Bug (Schulter) | 9 | * | * | * | 0,89 | 0,22 |
| Filet | * | * | * | * | 1,10 | 0,31 |
| Kamm (Hals) | * | * | 0,6 | * | 0,92 | 0,18 |
| Keule (Schlegel) | 0 | * | * | * | 0,80 | 0,19 |
| Kotelett | 0 | * | 0,6 | * | 0,80 | 0,19 |
| Schnitzel | * | * | 0,7 | * | 0,80 | 0,19 |
| Leber | 39000 | * | 0,2 | * | 0,31 | 3,17 |
| Niere | 39 | * | 0,3 | * | 0,34 | 1,80 |
| **Rindfleisch** | | | | | | |
| Filet | * | * | * | * | 0,10 | 0,13 |
| Hochrippe (Rostbraten) | 15 | * | * | * | 0,08 | 0,15 |
| Kamm (Hals) | 3 | * | * | * | 0,09 | 0,19 |
| Keule (Schlegel) | 10 | * | * | * | 0,09 | 0,17 |
| Lende (Roastbeef) | 15 | * | 1,1 | * | 0,09 | 0,16 |
| Leber | 15300 | 1,7 | 0,7 | * | 0,30 | 2,90 |
| Lunge | 55 | * | 0,5 | * | 0,09 | 0,34 |
| Niere | 330 | * | 0,2 | * | 0,30 | 2,26 |
| Zunge | 0 | * | 0,2 | * | 0,14 | 0,29 |
| **Kalbfleisch** | | | | | | |
| Brust | + | * | * | * | 0,14 | 0,24 |
| Filet | + | * | * | * | 0,15 | 0,30 |
| Haxe | + | * | * | * | 0,15 | 0,23 |
| Keule (Schlegel) | + | * | * | * | 0,15 | 0,27 |
| Kotelett | + | * | 0,6 | * | 0,14 | 0,26 |
| Schnitzel | + | * | * | * | 0,18 | 0,30 |
| Leber | 21900 | * | 0,2 | * | 0,28 | 2,61 |
| Niere | 210 | * | * | * | 0,37 | 2,50 |
| **Hammel-/Lammfleisch** | | | | | | |
| Brust | 0 | * | * | * | 0,14 | 0,19 |
| Filet | 0 | * | 0,4 | * | 0,18 | 0,25 |

**Zeichenerklärung:** * keine Daten verfügbar; + in Spuren enthalten

| Niacin (mg) | $B_6$ (mg) | Panthothensäure (mg) | Folsäure (mg) | Biotin (mg) | $B_{12}$ (µg) | C (mg) | Vitamingehalt ausgewählter Nahrungsmittel (pro 100 g verzehrfertiger Anteil) |
|---|---|---|---|---|---|---|---|
| | | | | | | | **Schweinefleisch** |
| 4,5 | * | * | * | * | * | * | Bug (Schulter) |
| 6,5 | * | * | * | * | * | * | Filet |
| 3,9 | * | * | * | * | * | * | Kamm (Hals) |
| 4,3 | 0,39 | * | * | * | * | * | Keule (Schlegel) |
| 4,3 | 0,50 | * | * | * | * | * | Kotelett |
| 4,3 | 0,39 | * | * | * | * | * | Schnitzel |
| 15,7 | 0,59 | * | * | 27 | 39,0 | * | Leber |
| 8,4 | 0,55 | * | * | 30–130 | 15,0 | * | Niere |
| | | | | | | | **Rindfleisch** |
| 4,6 | 0,50 | 1,0 | * | * | 2,0 | * | Filet |
| 4,3 | * | * | * | * | * | * | Hochrippe (Rostbraten) |
| 5,2 | * | * | * | * | * | * | Kamm (Hals) |
| 4,5 | * | * | * | * | 2,2 | * | Keule (Schlegel) |
| 4,9 | * | * | * | * | * | * | Lende (Roastbeef) |
| 13,6 | 0,71 | 7,3 | 62 | * | * | 31 | Leber |
| 4,3 | 0,07 | * | * | + | 3,3 | * | Lunge |
| 6,2 | 0,39 | * | 44 | 20–90 | 33,4 | * | Niere |
| 4,6 | 0,17 | 2,0 | * | * | * | * | Zunge |
| | | | | | | | **Kalbfleisch** |
| 6,1 | * | * | * | * | * | 1 | Brust |
| 6,5 | * | * | * | * | * | 1 | Filet |
| 5,4 | * | * | * | * | * | * | Haxe |
| 6,6 | 0,40 | 0,95 | * | * | 1,2 | * | Keule (Schlegel) |
| 6,5 | 0,40 | * | * | * | * | + | Kotelett |
| 7,5 | * | * | * | * | * | + | Schnitzel |
| 15,0 | 0,90 | 7,90 | * | 75 | 60,0 | 35 | Leber |
| 6,5 | 0,50 | 4,00 | * | 80 | 25,0 | 13 | Niere |
| | | | | | | | **Hammel-/Lammfleisch** |
| 4,5 | * | * | * | * | * | 0 | Brust |
| 5,8 | * | * | * | * | * | 0 | Filet |

# FLEISCH UND GEFLÜGEL

| **Vitamingehalt ausgewählter Nahrungsmittel (pro 100 g verzehrfertiger Anteil)** | A (µg) | D (µg) | E (mg) | K (µg) | $B_1$ (mg) | $B_2$ (mg) |
|---|---|---|---|---|---|---|
| Keule (Schlegel) | 0 | * | 0,5 | * | 0,16 | 0,22 |
| Kotelett | 0 | * | 0,4 | * | 0,13 | 0,18 |
| Leber | 9500 | * | * | * | 0,36 | 3,33 |
| **Geflügel** | | | | | | |
| Ente i. D. | * | * | * | * | 0,30 | 0,20 |
| Gans i. D. | 65 | * | * | * | 0,12 | 0,26 |
| Huhn, Brathuhn | 10 | * | 0,1 | * | 0,08 | 0,16 |
| – Brust | * | * | 0,3 | * | 0,07 | 0,09 |
| – Keule (Schlegel) | * | * | * | * | 0,10 | 0,24 |
| – Suppenhuhn | 260 | * | * | * | 0,06 | 0,17 |
| – Leber | 12800 | 2,0 | 0,4 | * | 0,32 | 2,49 |
| Pute (ausgewachsen) | 13 | * | 2,5 | * | 0,10 | 0,18 |
| – Brust | * | * | 0,9 | * | 0,05 | 0,08 |
| – Keule | * | * | 1,2 | * | 0,09 | 0,18 |
| – Jungtiere i. D. | + | * | 1,9 | * | 0,08 | 0,14 |
| **Fleisch-/Wurstwaren** | | | | | | |
| Bierschinken | 0 | * | 0 | * | 0,31 | 0,18 |
| Bratwurst (vom Schwein) | * | * | 0,3 | * | 0,28 | 0,22 |
| Fleisch- und Leberkäse | * | * | * | * | 0,05 | 0,15 |
| Fleischwurst (Lyoner) | * | * | * | * | 0,20 | 0,25 |
| Jagdwurst | 0 | * | 0 | * | 0,11 | 0,12 |
| Leberwurst | 1500 | * | 0,7 | * | 0,20 | 0,92 |
| Mortadella | 0 | * | * | * | 0,10 | 0,15 |
| Münchner Weißwurst | * | * | * | * | 0,04 | 0,13 |
| Rotwurst (Blutwurst) | 3 | * | * | * | 0,07 | 0,13 |
| Salami | + | + | + | * | 0,18 | 0,20 |
| Schinken, gekocht | 0 | * | 0 | * | 0,61 | 0,26 |
| Schinken, roh, geräuchert | 0 | * | 0 | * | 0,55 | 0,20 |
| Speck, durchwachsen | 0 | * | 0,4 | * | 0,43 | 0,14 |
| Wiener Würstchen | * | * | * | * | 0,10 | 0,12 |

**Zeichenerklärung:**
* keine Daten verfügbar; + in Spuren enthalten; i. D. im Durchschnitt

| Niacin (mg) | B6 (mg) | Panthothensäure (mg) | Folsäure (mg) | Biotin (mg) | $B_{12}$ (µg) | C (mg) | Vitamingehalt ausgewählter Nahrungsmittel (pro 100 g verzehrfertiger Anteil) |
|---|---|---|---|---|---|---|---|
| 5,2 | 0,29 | * | * | * | 3,0 | 0 | Keule (Schlegel) |
| 4,3 | 0,33 | * | * | * | * | 0 | Kotelett |
| 15,3 | 0,37 | 7,6 | * | 130 | 35,0 | * | Leber |
| | | | | | | | **Geflügel** |
| 3,5 | * | * | * | * | * | 7 | Ente i. D. |
| 6,4 | 0,58 | * | * | * | * | * | Gans i. D. |
| 6,8 | 0,5 | 0,96 | * | * | * | 3 | Huhn, Brathuhn |
| 10,5 | 0,53 | * | * | * | * | 0 | – Brust |
| 5,6 | 0,25 | 0,84 | * | * | * | 0 | – Keule (Schlegel) |
| 8,8 | * | * | * | * | * | * | – Suppenhuhn |
| 11,6 | 0,80 | 7,16 | * | * | 23,0 | * | – Leber |
| 10,5 | * | 1,1 | * | * | * | * | Pute (ausgewachsen) |
| 11,3 | 0,46 | * | * | * | * | * | – Brust |
| 4,7 | * | 1,13 | * | * | * | * | Keule |
| 7,9 | * | 0,84 | * | * | * | * | – Jungtiere i. D. |
| | | | | | | | **Fleisch-/Wurstwaren** |
| 3,8 | * | * | * | * | * | 0 | Bierschinken |
| 3,2 | * | * | * | * | * | * | Bratwurst (vom Schwein) |
| 2,4 | * | * | * | * | * | * | Fleisch- und Leberkäse |
| 2,5 | * | * | * | * | * | * | Fleischwurst (Lyoner) |
| 4,2 | * | * | * | * | * | * | Jagdwurst |
| 3,6 | * | * | * | * | * | * | Leberwurst |
| 3,1 | * | * | * | * | * | * | Mortadella |
| 3,3 | * | * | * | * | * | * | Münchner Weißwurst |
| 1,2 | * | * | * | * | * | * | Rotwurst (Blutwurst) |
| 2,6 | * | * | * | * | * | * | Salami |
| 3,5 | 0,36 | * | * | * | * | * | Schinken, gekocht |
| 3,5 | 0,40 | * | * | * | * | * | Schinken, roh, geräuchert |
| 2,3 | 0,35 | * | * | * | * | * | Speck, durchwachsen |
| 3,1 | * | * | * | * | * | * | Wiener Würstchen |

TopVital

# GETREIDE UND GETREIDEERZEUGNISSE

| Vitamingehalt ausgewählter Nahrungsmittel (pro 100 g verzehrfertiger Anteil) | A (µg) | D (µg) | E (mg) | K (µg) | $B_1$ (mg) | $B_2$ (mg) |
|---|---|---|---|---|---|---|
| **Getreide und Mahlprodukte** | | | | | | |
| Buchweizen, Korn, geschält | 0 | * | 1,3 | * | 0,26 | 0,15 |
| – Vollmehl | 0 | * | 2,1 | * | 0,58 | 0,15 |
| Gerste, Korn | 0 | * | 0,6 | * | 0,43 | 0,18 |
| – Perlgraupen | 0 | * | 0,2 | * | 0,10 | 0,08 |
| Hafer, Korn | * | * | 1,0 | * | 0,52 | 0,17 |
| – Flocken (Vollkorn) | * | * | 1,0 | * | 0,56 | 0,15 |
| Hirse, Korn | 0 | * | 0,4 | * | 0,26 | 0,14 |
| Mais, Korn | 185 | * | 2,2 | * | 0,36 | 0,20 |
| – Vollmehl | 50 | * | * | * | 0,37 | 0,11 |
| – Grieß (Polenta) | 120 | * | 0,7 | * | 0,15 | 0,05 |
| – Stärke | 0 | * | 0 | * | + | 0,01 |
| Reis, Korn, unpoliert | 0 | * | 0,74 | * | 0,41 | 0,09 |
| – poliert | 0 | * | 0,4 | * | 0,06 | 0,03 |
| Roggen, Korn | 60 | * | 2,0 | * | 0,35 | 0,17 |
| – Mehl, Type 815 | 41 | * | 0,5 | * | 0,18 | 0,09 |
| – Mehl, Type 997 | 41 | * | 1,3 | * | 0,19 | 0,11 |
| – Vollkornmehl, Type 1800 | 59 | * | 1,8 | * | 0,30 | 0,14 |
| – Keime | 340 | * | 12,7 | * | 1,00 | 0,84 |
| Weizen, Korn | 33 | * | 1,6 | * | 0,46 | 0,11 |
| – Grieß | * | * | 0,8 | * | 0,12 | 0,04 |
| – Mehl, Type 405 | + | * | 0,3 | * | 0,06 | 0,03 |
| – Mehl, Type 550 | + | * | 0,3 | * | 0,11 | 0,08 |
| – Mehl, Type 1050 | + | * | 1,4 | * | 0,43 | 0,07 |
| – Vollkornmehl, Type 1700 | + | * | 2,1 | * | 0,47 | 0,17 |
| – Keime, getrocknet | 10 | * | 24,7 | * | 2,00 | 0,72 |
| – Speisekleie | + | * | 2,7 | * | 0,65 | 0,51 |
| – Stärke | 0 | * | 0 | * | 0 | 0 |
| **Brot und Backwaren** | | | | | | |
| Roggenmischbrot | 0 | * | * | * | 0,18 | 0,08 |
| Roggenvollkornbrot | 80 | * | 1,2 | * | 0,18 | 0,15 |
| Weizenmischbrot | 0 | * | * | * | 0,14 | 0,07 |

**Zeichenerklärung:** * keine Daten verfügbar; + in Spuren enthalten

| Niacin (mg) | B6 (mg) | Panthothen-säure (mg) | Folsäure (mg) | Biotin (mg) | B12 (µg) | C (mg) | Vitamingehalt ausgewählter Nahrungsmittel (pro 100 g verzehrfertiger Anteil) |
|---|---|---|---|---|---|---|---|
| | | | | | | | **Getreide und Mahlprodukte** |
| 2,9 | 0,58 | * | * | * | * | 0 | Buchweizen, Korn, geschält |
| 2,9 | 0,58 | * | * | * | * | 0 | – Vollmehl |
| 4,8 | 0,56 | * | * | * | * | 0 | Gerste, Korn |
| 3,1 | 0,22 | * | * | * | * | 0 | – Perlgraupen |
| 2,4 | 0,96 | * | * | * | * | + | Hafer, Korn |
| 1,0 | 0,16 | * | * | * | * | 0 | – Flocken (Vollkorn) |
| 1,8 | 0,52 | * | * | * | * | 0 | Hirse, Korn |
| 1,5 | 0,40 | * | * | * | * | 0 | Mais, Korn |
| 2,0 | * | * | * | * | * | 0 | – Vollmehl |
| 0,5 | * | * | * | * | * | 0 | – Grieß (Polenta) |
| 0,03 | + | * | * | * | * | 0 | – Stärke |
| 5,2 | 0,28 | * | * | * | * | 0 | Reis, Korn, unpoliert |
| 1,3 | 0,15 | * | * | * | * | 0 | – poliert |
| 1,8 | 0,29 | * | * | * | * | 0 | Roggen, Korn |
| 0,6 | 0,11 | * | * | * | * | 0 | – Mehl, Type 815 |
| 0,8 | * | * | * | * | * | 0 | – Mehl, Type 997 |
| 1,9 | 0,30 | * | * | * | * | 0 | – Vollkornmehl, Type 1800 |
| 2,3 | 1,80 | * | * | * | * | 0 | – Keime |
| 5,1 | 0,27 | * | * | * | * | 0 | Weizen, Korn |
| 1,3 | 0,09 | * | * | * | * | 0 | – Grieß |
| 0,7 | 0,18 | * | * | * | * | 0 | – Mehl, Type 405 |
| 0,5 | 0,10 | * | * | * | * | 0 | – Mehl, Type 550 |
| 1,4 | 0,24 | * | * | * | * | 0 | – Mehl, Type 1050 |
| 4,8 | 0,46 | * | * | * | * | 0 | – Vollkornmehl, Type 1700 |
| 4,5 | 4,0 | * | * | * | * | 0 | – Keime, getrocknet |
| 7,7 | 0,73 | * | * | * | * | 0 | – Speisekleie |
| 0,01 | * | * | * | * | * | 0 | – Stärke |
| | | | | | | | **Brot und Backwaren** |
| 1,0 | 0,12 | * | 0,093 | * | * | 0 | Roggenmischbrot |
| 0,6 | 0,30 | * | 0,136 | * | * | 7 | Roggenvollkornbrot |
| 1,2 | 0,09 | * | * | * | * | 0 | Weizenmischbrot |

# GETREIDE UND GETREIDEERZEUGNISSE

| **Vitamingehalt ausgewählter Nahrungsmittel (pro 100 g verzehrfertiger Anteil)** | A (µg) | D (µg) | E (mg) | K (µg) | $B_1$ (mg) | $B_2$ (mg) |
|---|---|---|---|---|---|---|
| Weizenvollkornbrot | * | * | 0,3 | * | 0,23 | 0,15 |
| Weizenbrötchen (Semmel) | 0 | * | * | * | 0,10 | 0,03 |
| Weizentoastbrot | * | * | * | * | 0,08 | 0,05 |
| Knäckebrot | 0 | * | 13,3 | * | 0,20 | 0,18 |
| Pumpernickel | * | * | * | * | 0,05 | 0,08 |
| **Frühstücksflocken** | | | | | | |
| Kleieflocken, gezuckert | 1400 | * | * | * | 1,16 | 1,00 |
| Cornflakes | 28,2 | * | 0,02 | * | 0,06 | * |
| Müslimischung, trocken | 27 | * | * | * | 0,25 | 0,15 |
| **Teigwaren** | | | | | | |
| Eiernudeln, roh | 60 | * | 0,04 | * | 0,20 | 0,10 |

**Zeichenerklärung:** * keine Daten verfügbar; + in Spuren enthalten

| Niacin (mg) | B6 (mg) | Panthothensäure (mg) | Folsäure (mg) | Biotin (mg) | B12 (µg) | C (mg) | Vitamingehalt ausgewählter Nahrungsmittel (pro 100 g verzehrfertiger Anteil) |
|---|---|---|---|---|---|---|---|
| 2,5 | 0,24 | 0,79 | 0,067 | * | * | 0 | Weizenvollkornbrot |
| 1,0 | 0,04 | * | 0,410 | * | * | 0 | Weizenbrötchen (Semmel) |
| 1,0 | 0,11 | * | * | * | * | 0 | Weizentoastbrot |
| 1,1 | 0,30 | * | 0,960 | * | * | 0 | Knäckebrot |
| 1,2 | 0,10 | * | * | * | * | 0 | Pumpernickel |
| | | | | | | | **Frühstücksflocken** |
| 7,0 | * | * | * | * | * | * | Kleieflocken, gezuckert |
| 1,4 | + | * | * | * | * | * | Cornflakes |
| * | 0,17 | * | * | * | * | + | Müslimischung, trocken |
| | | | | | | | **Teigwaren** |
| 2,0 | 0,06 | * | * | * | * | 0 | Eiernudeln, roh |

# HÜLSENFRÜCHTE UND SPROSSEN

| Vitamingehalt ausgewählter Nahrungsmittel (pro 100 g verzehrfertiger Anteil) | A (µg) | D (µg) | E (mg) | K (µg) | $B_1$ (mg) | $B_2$ (mg) |
|---|---|---|---|---|---|---|
| Alfalfasprossen, frisch | 0 | * | * | * | 0,08 | 0,13 |
| Bohnenkerne, weiß | 67 | * | 0,05 | * | 0,50 | 0,20 |
| Bohnensprossen, frisch | 0 | * | * | * | 0,15 | 0,07 |
| Erbsen | 13 | * | * | * | 0,76 | 0,27 |
| Kichererbsen | 30 | * | * | * | 0,50 | 0,20 |
| Kichererbsensprossen, frisch | 20 | * | * | * | 0,23 | 0,15 |
| Limabohnen | * | * | * | * | 0,45 | 0,13 |
| Linsen | 17 | * | * | * | 0,45 | 0,26 |
| Sojabohnen | 63 | * | 1,5 | * | 1,00 | 0,50 |
| Sojakäse (Tofu) | * | * | * | * | 0,08 | 0,05 |
| Sojasprossen, frisch | 4 | * | 0,1 | * | 0,20 | 0,12 |

# NÜSSE UND SAMEN

| | | | | | | |
|---|---|---|---|---|---|---|
| Cashewkern | 30 | * | 1,6 | * | 0,63 | 0,25 |
| Erdnuss | + | * | 10,3 | * | 0,90 | 0,15 |
| Haselnusskern | 4 | * | 26,6 | * | 0,40 | 0,20 |
| Kastanie (Marone) | 4 | * | 2,3 | * | 0,23 | 0,22 |
| Kokosnuss (Fruchtmark) | * | * | 0,8 | * | 0,05 | 0,02 |
| Kokosraspel | * | * | 0,06 | * | 0,04 | 0,60 |
| Leinsamen, ungeschält | * | * | 57,0 | * | 0,17 | 0,16 |
| Macadamianuss | * | * | * | * | 0,28 | 0,12 |
| Mandelkern | 23 | * | 25,2 | * | 0,22 | 0,60 |
| Mohnsamen | * | * | 4,0 | * | 0,86 | 0,17 |
| Paranuss | 3 | * | 9,3 | * | 1,00 | 0,04 |
| Pecannuss | 13,3 | * | 3,1 | * | 0,86 | 0,13 |
| Pinienkern | 8 | * | * | * | 1,30 | 0,23 |
| Pistazienkern | 70 | * | * | * | 0,65 | 0,20 |
| Sesamsamen | 6 | * | 5,7 | * | 1,00 | 0,25 |
| Sonnenblumenkern, geschält | * | * | 21,8 | * | 1,90 | 0,14 |
| Walnusskern | 10 | * | 12,3 | * | 0,35 | 0,10 |

**Zeichenerklärung:** * keine Daten verfügbar; + in Spuren enthalten

| Niacin (mg) | B6 (mg) | Panthothen-säure (mg) | Folsäure (mg) | Biotin (mg) | $B_{12}$ (µg) | C (mg) | Vitamingehalt ausgewählter Nahrungsmittel (pro 100 g verzehrfertiger Anteil) |
|---|---|---|---|---|---|---|---|
| * | 0,03 | * | * | * | * | 8 | Alfalfasprossen, frisch |
| 2,1 | 0,41 | * | 0,128 | * | * | 2 | Bohnenkerne, weiß |
| * | 0,10 | * | * | * | * | 20 | Bohnensprossen, frisch |
| 2,8 | 0,12 | 2,1 | 0,057 | 18,7 | * | 1 | Erbsen |
| 1,5 | 0,54 | * | * | * | * | 4 | Kichererbsen |
| * | 0,27 | * | * | * | * | 10 | Kichererbsensprossen, frisch |
| 2,5 | * | * | * | * | * | 0 | Limabohnen |
| 2,2 | 0,60 | * | 0,103 | * | * | * | Linsen |
| 2,5 | 1,0 | 1,92 | * | 60,0 | * | 0 | Sojabohnen |
| 0,2 | 0,05 | * | * | * | * | 0 | Sojakäse (Tofu) |
| 1,2 | * | * | * | * | * | 7 | Sojasprossen, frisch |
| 1,8 | * | * | * | * | * | * | Cashewkern |
| 15,3 | 0,44 | * | * | * | * | 0 | Erdnuss |
| 1,4 | 0,31 | * | * | * | * | 3 | Haselnusskern |
| 0,9 | 0,35 | * | * | * | * | 27 | Kastanie (Marone) |
| 0,4 | 0,06 | * | * | * | * | 2 | Kokosnuss (Fruchtmark) |
| * | * | * | * | * | * | * | Kokosraspel |
| 1,4 | * | * | * | * | * | * | Leinsamen, ungeschält |
| 1,5 | * | * | * | * | * | * | Macadamianuss |
| 4,1 | 0,16 | * | * | * | * | 0 | Mandelkern |
| 1,0 | 0,44 | * | * | * | * | * | Mohnsamen |
| 0,2 | 0,11 | * | * | * | * | 2 | Paranuss |
| 2,0 | * | * | * | * | * | * | Pecannuss |
| 4,5 | * | * | * | * | * | * | Pinienkern |
| 1,5 | * | * | * | * | * | 7 | Pistazienkern |
| 5,0 | * | * | * | * | * | * | Sesamsamen |
| 4,1 | 0,6 | * | * | * | * | * | Sonnenblumenkern, geschält |
| 1,0 | 0,87 | * | * | * | * | 3 | Walnusskern |

# GEMÜSE, KRÄUTER, PILZE

| Vitamingehalt ausgewählter Nahrungsmittel (pro 100 g verzehrfertiger Anteil) | A (µg) | D (µg) | E (mg) | K (µg) | $B_1$ (mg) | $B_2$ (mg) |
|---|---|---|---|---|---|---|
| **Gemüse und Kräuter** | | | | | | |
| Artischocke, roh | 4 | * | 0,2 | * | 0,14 | 0,01 |
| Aubergine | 7,2 | * | 0,10 | * | 0,04 | 0,04 |
| Bambussprosse, roh | 2 | * | 0,03 | * | 0,13 | 0,08 |
| Bleichsellerie, roh | 483 | * | * | * | 0,05 | 0,08 |
| Blumenkohl, roh | 2,1 | * | 0,1 | * | 0,10 | 0,11 |
| Bohne, grün, roh | 60 | * | 0,1 | * | 0,08 | 0,11 |
| Brennnessel | 800 | * | * | * | * | * |
| Brokkoli, roh | 143 | * | 0,5 | 205 | 0,10 | 0,20 |
| Brunnenkresse | 691 | * | * | 250 | 0,09 | 0,20 |
| Chicoree, roh | 572 | * | * | * | 0,05 | 0,03 |
| Chinakohl | 71 | * | * | * | 0,03 | 0,04 |
| Endivie | 280 | * | * | * | 0,06 | 0,10 |
| Erbse, grün, roh | 50 | * | * | 36 | 0,32 | 0,15 |
| Feldsalat | 650 | * | 0,6 | * | 0,07 | 0,08 |
| Fenchel, Knolle | 783 | * | * | * | 0,23 | 0,11 |
| Gartenkresse | 365 | * | 0,7 | * | 0,15 | 0,19 |
| Grünkohl, roh | 861 | * | 1,7 | 817 | 0,10 | 0,20 |
| Gurke (Salatgurke) | 65 | * | 0,1 | 19 | 0,02 | 0,03 |
| Kartoffel, roh | 1 | * | 0,1 | * | 0,10 | 0,05 |
| Knoblauch, roh | * | * | 0,01 | * | 0,20 | 0,08 |
| Knollensellerie, roh | 3 | * | 0,5 | * | 0,04 | 0,07 |
| Kohlrabi, roh | 33 | * | * | * | 0,05 | 0,05 |
| Kohlrübe, roh | 17 | * | * | * | 0,07 | 0,07 |
| Kopfsalat | 240 | * | 0,6 | 61 | 0,06 | 0,08 |
| Kürbis, roh | 127 | * | 1,1 | * | 0,05 | 0,07 |
| Löwenzahnblatt | 1300 | * | 2,5 | * | 0,20 | 0,17 |
| Mangold, roh | 588 | * | * | * | 0,09 | 0,16 |
| Meerrettich, roh | 4 | * | * | * | 0,14 | 0,11 |
| Möhre (Karotte), roh | 1600 | * | 0,6 | 5 | 0,07 | 0,05 |
| Paprikaschote, roh | 180 | * | 2,5 | * | 0,07 | 0,05 |
| Pastinake, roh | 4 | * | 1 | * | 0,08 | 0,13 |
| Petersilienblatt, roh | + | * | 3,7 | * | 0,14 | 0,30 |
| Porree, Blätter, roh | 167 | * | 0,5 | * | 0,09 | 0,07 |

**Zeichenerklärung:** * keine Daten verfügbar; + in Spuren enthalten

| Niacin (mg) | B6 (mg) | Panthothensäure (mg) | Folsäure (mg) | Biotin (mg) | B12 (µg) | C (mg) | Vitamingehalt ausgewählter Nahrungsmittel (pro 100 g verzehrfertiger Anteil) |
|---|---|---|---|---|---|---|---|
| | | | | | | | **Gemüse und Kräuter** |
| 0,9 | * | * | * | * | 0 | 8 | Artischocke, roh |
| 0,6 | 0,08 | * | * | * | 0 | 5 | Aubergine |
| 0,6 | * | * | * | * | 0 | 6 | Bambussprosse, roh |
| 0,6 | 0,09 | * | * | * | 0 | 7 | Bleichsellerie, roh |
| 0,6 | * | 1,01 | 125 | * | 0 | 69 | Blumenkohl, roh |
| 0,5 | 0,28 | * | * | * | 0 | 19 | Bohne, grün, roh |
| * | * | * | * | * | 0 | 200 | Brennnessel |
| 1,1 | 0,17 | 1,29 | 111 | * | 0 | 110 | Brokkoli, roh |
| 0,07 | * | * | * | * | 0 | 51 | Brunnenkresse |
| 0,2 | 0,05 | * | 50 | * | 0 | 10 | Chicoree, roh |
| 0,4 | 0,12 | * | 75 | * | 0 | 26 | Chinakohl |
| 0,4 | * | * | 109 | * | 0 | 10 | Endivie |
| 2,5 | * | 0,72 | 159 | * | 0 | 25 | Erbse, grün, roh |
| 0,4 | 0,25 | * | 145 | * | 0 | 35 | Feldsalat |
| 0,2 | 0,10 | * | * | * | 0 | 93 | Fenchel, Knolle |
| 1,8 | 2,17 | * | * | * | 0 | 69 | Gartenkresse |
| 2,1 | 0,25 | * | 212 | * | 0 | 105 | Grünkohl, roh |
| 0,2 | 0,04 | * | 27 | * | 0 | 8 | Gurke (Salatgurke) |
| 1,2 | 0,30 | * | * | * | 0 | 17 | Kartoffel, roh |
| 0,6 | * | * | * | * | 0 | 14 | Knoblauch, roh |
| 0,9 | 0,20 | * | 76 | * | 0 | 8 | Knollensellerie, roh |
| 1,0 | 0,07 | * | 70 | * | 0 | 63 | Kohlrabi, roh |
| 0,9 | 0,20 | * | * | * | 0 | 33 | Kohlrübe, roh |
| 0,3 | 0,06 | * | 75 | * | 0 | 13 | Kopfsalat |
| 0,5 | 0,10 | * | * | * | 0 | 12 | Kürbis, roh |
| 0,8 | * | * | * | * | 0 | 33 | Löwenzahnblatt |
| 0,6 | * | * | * | * | 0 | 39 | Mangold, roh |
| 0,6 | 0,20 | * | * | * | 0 | 114 | Meerrettich, roh |
| 0,6 | 0,30 | * | 55 | * | 0 | 7 | Möhre (Karotte), roh |
| 0,4 | 0,27 | * | 60 | * | 0 | 140 | Paprikaschote, roh |
| 0,9 | 0,10 | * | * | * | 0 | 18 | Pastinake, roh |
| 1,4 | 0,20 | * | * | * | 0 | 166 | Petersilienblatt, roh |
| 0,5 | 0,26 | * | 103 | * | 0 | 26 | Porree, Blätter, roh |

# GEMÜSE, KRÄUTER, PILZE

| **Vitamingehalt ausgewählter Nahrungsmittel (pro 100 g verzehrfertiger Anteil)** | A (µg) | D (µg) | E (mg) | K (µg) | $B_1$ (mg) | $B_2$ (mg) |
|---|---|---|---|---|---|---|
| Radieschen, roh | 4 | * | * | * | 0,04 | 0,04 |
| Rettich | 2 | * | * | * | 0,03 | 0,03 |
| Rhabarber, roh | 12 | * | 0,2 | * | 0,02 | 0,03 |
| Rosenkohl, roh | 75 | * | 0,6 | * | 0,10 | 0,16 |
| Rote Bete, roh | 2 | * | 0,05 | * | 0,03 | 0,04 |
| Rotkohl, roh | 2,5 | * | 1,7 | 44 | 0,07 | 0,05 |
| Sauerampferblatt | 583 | * | * | * | * | * |
| Sauerkraut, abgetropft, roh | 3 | * | * | * | 0,03 | 0,05 |
| Schnittlauch | 50 | * | 0,44 | * | 0,14 | 0,15 |
| Schwarzwurzel, roh | 3 | * | 6,0 | * | 0,11 | 0,03 |
| Spargel, roh | 87 | * | 2,1 | * | 0,11 | 0,11 |
| Spinat, roh | 781 | * | 1,4 | 400 | 0,10 | 0,20 |
| Süßkartoffel (Batate), roh | 1000 | * | * | * | 0,06 | 0,05 |
| Tomate, roh | 84 | * | 0,8 | 6 | 0,06 | 0,04 |
| – Saft | 90 | * | * | * | 0,05 | 0,04 |
| Topinambur | 2 | * | * | * | 0,20 | 0,06 |
| Weiße Rübe, roh | 12 | * | 0 | * | 0,04 | 0,05 |
| Weißkohl, roh | 12 | * | 1,7 | 145 | 0,05 | 0,05 |
| Wirsing, roh | 6,5 | * | 2,5 | * | 0,05 | 0,07 |
| Zucchini, roh | 31 | * | * | * | 0,20 | 0,09 |
| Zwiebel, roh | 1,2 | * | 0,1 | * | 0,03 | 0,03 |
| **Pilze** | | | | | | |
| Austernpilz | * | * | * | * | 0,20 | 0,30 |
| Birkenpilz | * | * | * | * | 0,10 | 0,44 |
| Champignon (Zucht-) | 1,7 | 1,9 | * | * | 0,10 | 0,45 |
| Morchel (Speise-) | * | 3,1 | 0,6 | * | 0,13 | 0,06 |
| Pfifferling | 217 | 2,1 | 0,1 | * | 0,02 | 0,23 |
| Steinpilz | * | 3,1 | 0,6 | * | 0,03 | 0,37 |

**Zeichenerklärung:** * keine Daten verfügbar; + in Spuren enthalten

| Niacin (mg) | B6 (mg) | Panthothen-säure (mg) | Folsäure (mg) | Biotin (mg) | $B_{12}$ (µg) | C (mg) | Vitamingehalt ausgewählter Nahrungsmittel (pro 100 g verzehrfertiger Anteil) |
|---|---|---|---|---|---|---|---|
| 0,2 | 0,06 | * | * | * | 0 | 27 | Radieschen, roh |
| 0,4 | 0,06 | * | * | * | 0 | 29 | Rettich |
| 0,2 | 0,04 | * | * | * | 0 | 10 | Rhabarber, roh |
| 0,7 | 0,30 | * | 179 | * | 0 | 112 | Rosenkohl, roh |
| 0,2 | 0,05 | * | 83 | * | 0 | 10 | Rote Bete, roh |
| 0,4 | 0,15 | * | * | * | 0 | 50 | Rotkohl, roh |
| * | * | * | * | * | 0 | 47 | Sauerampferblatt |
| 0,2 | 0,20 | * | * | * | 0 | 20 | Sauerkraut, abgetropft, roh |
| 0,6 | * | * | * | * | 0 | 47 | Schnittlauch |
| 0,3 | * | * | * | * | 0 | 4 | Schwarzwurzel, roh |
| 1,0 | 0,06 | 1,12 | 108 | * | 0 | 20 | Spargel, roh |
| 0,6 | 0,20 | * | 145 | 7 | 0 | 51 | Spinat, roh |
| 0,6 | 0,3 | 0,86 | * | * | 0 | 30 | Süßkartoffel (Batate), roh |
| 0,5 | 0,10 | * | 50 | * | 0 | 25 | Tomate, roh |
| 0,7 | 0,10 | * | * | * | 0 | 17 | – Saft |
| 1,3 | * | * | * | * | 0 | 4 | Topinambur |
| 0,6 | 0,08 | * | * | * | 0 | 20 | Weiße Rübe, roh |
| 0,3 | 0,10 | * | 36 | * | 0 | 47 | Weißkohl, roh |
| 0,5 | 0,20 | * | * | * | 0 | 50 | Wirsing, roh |
| 0,4 | 0,10 | * | * | * | 0 | 16 | Zucchini, roh |
| 0,2 | 0,13 | * | * | * | 0 | 10 | Zwiebel, roh |
| | | | | | | | **Pilze** |
| 10,0 | 0,09 | * | * | * | 0 | 1 | Austernpilz |
| 4,9 | * | * | * | * | 0 | 7 | Birkenpilz |
| 4,7 | 0,06 | 2,10 | * | 16 | 0 | 4 | Champignon (Zucht-) |
| * | * | * | * | * | 0 | 5 | Morchel (Speise-) |
| 6,5 | * | * | * | * | 0 | 6 | Pfifferling |
| 4,9 | * | 2,70 | * | * | 0 | 3 | Steinpilz |

TopVital

# OBST UND OBSTPRODUKTE

| Vitamingehalt ausgewählter Nahrungsmittel (pro 100 g verzehrfertiger Anteil) | A (µg) | D (µg) | E (mg) | K (µg) | $B_1$ (mg) | $B_2$ (mg) |
|---|---|---|---|---|---|---|
| Ananas, roh | 3 | * | 0,1 | * | 0,08 | 0,03 |
| Apfel, ungeschält, roh | 4 | * | 0,5 | * | 0,04 | 0,03 |
| – Saft | 7 | * | * | * | 0,02 | 0,03 |
| Apfelsine, roh | 11 | * | 0,3 | * | 0,09 | 0,04 |
| – Saft, frisch gepresst | 12 | * | * | * | 0,10 | 0,03 |
| – Saft, Handelsware | 12 | * | * | * | 0,08 | 0,02 |
| Aprikose, roh | 265 | * | 0,5 | * | 0,04 | 0,05 |
| – getrocknet | 5790 | * | * | * | 0,01 | 0,11 |
| – in Dosen, Gesamtinhalt | 123 | * | * | * | 0,02 | 0,02 |
| Avocado, roh | 12 | * | 1,3 | * | 0,08 | 0,15 |
| Banane, roh | 8 | * | 0,3 | * | 0,05 | 0,06 |
| Birne, roh | 3 | * | 0,4 | * | 0,03 | 0,04 |
| – in Dosen, Gesamtinhalt | 2 | * | * | * | 0,01 | 0,02 |
| Brombeere, roh | 45 | * | 0,7 | * | 0,03 | 0,04 |
| – Saft | * | * | * | * | 0,02 | 0,03 |
| Dattel, getrocknet | 25 | * | * | * | 0,04 | 0,09 |
| Erdbeere, roh | 3 | * | 0,1 | * | 0,03 | 0,06 |
| Feige, frisch | 8 | * | * | * | 0,06 | 0,05 |
| – getrocknet | 8 | * | * | * | 0,11 | 0,10 |
| Granatapfelsaft, frisch | 0 | * | * | * | 0,02 | 0,03 |
| Grapefruit, roh | 34 | * | 0,3 | * | 0,05 | 0,03 |
| Guave, in Dosen, Gesamtinhalt | 0 | * | * | * | 0,04 | 0,03 |
| Hagebutte, roh | 800 | * | 4,2 | * | 0,06 | 0,07 |
| Heidelbeere, roh | 6 | * | 2,1 | * | 0,02 | 0,02 |
| – Kulturheidelbeere | 10 | * | * | * | 0,03 | 0,06 |
| Himbeere, roh | 4 | * | * | * | 0,03 | 0,07 |
| Holunderbeere, roh | 60 | * | * | * | 0,07 | 0,07 |
| – Saft | * | * | * | * | 0,03 | 0,06 |
| Honigmelone, roh | 783 | * | 0,1 | * | 0,06 | 0,02 |
| Johannisbeere, rot | 4 | * | 0,7 | * | 0,04 | 0,03 |
| – schwarz | 13 | * | 1,9 | * | 0,05 | 0,05 |
| – weiß | 0 | * | * | * | 0,08 | 0,02 |
| Kaki, roh | 286 | * | * | * | 0,02 | 0,02 |
| Kaktusfeige, roh | 9 | * | * | * | 0,01 | 0,03 |

**Zeichenerklärung:** * keine Daten verfügbar; + in Spuren enthalten

| Niacin (mg) | B6 (mg) | Panthothensäure (mg) | Folsäure (mg) | Biotin (mg) | B12 (µg) | C (mg) | Vitamingehalt ausgewählter Nahrungsmittel (pro 100 g verzehrfertiger Anteil) |
|---|---|---|---|---|---|---|---|
| 0,2 | 0,08 | * | * | * | 0 | 20 | Ananas, roh |
| 0,3 | 0,1 | * | * | * | 0 | 12 | Apfel, ungeschält, roh |
| 0,3 | 0,05 | * | * | * | 0 | 1 | – Saft |
| 0,4 | 0,1 | * | 42 | * | 0 | 52 | Apfelsine, roh |
| 0,4 | 0,05 | * | * | * | 0 | 52 | – Saft, frisch gepresst |
| 0,3 | 0,03 | * | * | * | 0 | 42 | – Saft, Handelsware |
| 0,7 | 0,07 | * | * | * | 0 | 10 | Aprikose, roh |
| 3,3 | 0,17 | * | * | * | 0 | 12 | – getrocknet |
| 0,5 | 0,05 | * | * | * | 0 | 4 | – in Dosen, Gesamtinhalt |
| 1,1 | 0,5 | * | * | * | 0 | 13 | Avocado, roh |
| 0,7 | 0,37 | * | * | * | 0 | 11 | Banane, roh |
| 0,2 | 0,02 | * | * | * | 0 | 5 | Birne, roh |
| 0,1 | 0,01 | * | * | * | 0 | 2 | – in Dosen, Gesamtinhalt |
| 0,4 | 0,05 | * | * | * | 0 | 17 | Brombeere, roh |
| 0,3 | * | * | * | * | 0 | 10 | – Saft |
| 2,0 | 0,1 | * | * | * | 0 | 2 | Dattel, getrocknet |
| 0,6 | 0,06 | * | 65 | * | 0 | 62 | Erdbeere, roh |
| 0,4 | 0,1 | * | * | * | 0 | 3 | Feige, frisch |
| 1,0 | 0,12 | * | * | * | 0 | 2 | – getrocknet |
| 0,2 | * | * | * | * | 0 | 8 | Granatapfelsaft, frisch |
| 0,2 | 0,03 | * | * | * | 0 | 44 | Grapefruit, roh |
| 0,9 | * | * | * | * | 0 | 180 | Guave, in Dosen, Gesamtinhalt |
| 0,5 | 0,05 | * | * | * | 0 | 1250 | Hagebutte, roh |
| 0,4 | 0,06 | * | * | * | 0 | 22 | Heidelbeere, roh |
| 0,5 | * | * | * | * | 0 | 14 | – Kulturheidelbeere |
| 0,3 | * | * | 30 | * | 0 | 25 | Himbeere, roh |
| 1,5 | 0,25 | * | * | * | 0 | 18 | Holunderbeere, roh |
| 0,4 | 0,09 | * | * | * | 0 | 26 | – Saft |
| 0,5 | * | * | * | * | 0 | 32 | Honigmelone, roh |
| 0,2 | 0,05 | * | * | * | 0 | 36 | Johannisbeere, rot |
| 0,3 | 0,08 | * | * | * | 0 | 189 | – schwarz |
| 0,2 | * | * | * | * | 0 | 35 | – weiß |
| 0,3 | * | * | * | * | 0 | 16 | Kaki, roh |
| 0,4 | 0,05 | * | * | * | 0 | 25 | Kaktusfeige, roh |

TopVital

# OBST UND OBSTPRODUKTE

| Vitamingehalt ausgewählter Nahrungsmittel (pro 100 g verzehrfertiger Anteil) | A (µg) | D (µg) | E (mg) | K (µg) | $B_1$ (mg) | $B_2$ (mg) |
|---|---|---|---|---|---|---|
| Kirsche, süß, roh | 6 | * | 0,1 | * | 0,04 | 0,04 |
| – sauer, roh | 50 | * | 0,1 | * | 0,05 | 0,06 |
| Kiwi, roh | * | * | * | * | 0,02 | 0,05 |
| Korinthe | * | * | * | * | 0,03 | 0,08 |
| Litschi, roh | 0 | * | * | * | 0,03 | 0,05 |
| Loganbeere, roh | 13 | * | * | * | 0,02 | 0,03 |
| Mandarine, roh | 71 | * | 0,31 | * | 0,06 | 0,03 |
| Mango, roh | 201 | * | 1,0 | * | 0,05 | 0,04 |
| Melone, grün, roh | * | * | 0,1 | * | 0,05 | 0,03 |
| Mirabelle, roh | 38 | * | * | * | 0,06 | 0,04 |
| Nektarine, roh | * | * | * | * | 0,02 | 0,05 |
| Olive, grün, mariniert | 48 | * | 0,09 | * | 0,03 | 0,08 |
| Papaya, roh | 160 | * | * | * | 0,03 | 0,04 |
| Passionsfrucht, roh | 108 | * | * | * | 0,02 | 0,10 |
| Pfirsich, roh | 15 | * | 1,0 | * | 0,03 | 0,05 |
| – in Dosen, Gesamtinhalt | 29 | * | * | * | 0,01 | 0,02 |
| Pflaume (Zwetschge), roh | 65 | * | 0,8 | * | 0,07 | 0,04 |
| Preiselbeere, roh | 4 | * | 1,0 | * | 0,02 | 0,02 |
| Quitte, roh | 6 | * | * | * | 0,03 | 0,03 |
| Reineclaude, roh | 30 | * | * | * | * | * |
| Rosine, ohne Kerne | 5 | * | * | * | 0,10 | 0,08 |
| Stachelbeere, roh | 18 | * | 0,6 | * | 0,02 | 0,02 |
| Wassermelone, roh | 87 | * | * | * | 0,05 | 0,05 |
| Weintraube, roh | 5 | * | 0,7 | * | 0,05 | 0,03 |
| – Saft | * | * | * | * | 0,04 | 0,02 |
| Zitrone, roh | + | * | * | * | 0,05 | 0,02 |
| – Saft | * | * | * | * | 0,04 | 0,01 |

**Zeichenerklärung:** * keine Daten verfügbar; + in Spuren enthalten

| Niacin (mg) | $B_6$ (mg) | Panthothensäure (mg) | Folsäure (mg) | Biotin (mg) | $B_{12}$ (µg) | C (mg) | Vitamingehalt ausgewählter Nahrungsmittel (pro 100 g verzehrfertiger Anteil) |
|---|---|---|---|---|---|---|---|
| 0,3 | 0,05 | * | 52 | * | 0 | 15 | Kirsche, süß, roh |
| 0,4 | * | * | 80 | * | 0 | 12 | – sauer, roh |
| 0,4 | * | * | * | * | 0 | 71 | Kiwi, roh |
| 0,5 | * | * | * | * | 0 | 0 | Korinthe |
| 0,8 | * | * | * | * | 0 | 35 | Litschi, roh |
| 0,4 | * | * | * | * | 0 | 35 | Loganbeere, roh |
| 0,2 | 0,02 | * | * | * | 0 | 32 | Mandarine, roh |
| 0,7 | * | * | * | * | 0 | 37 | Mango, roh |
| 0,5 | * | * | * | * | 0 | 25 | Melone, grün, roh |
| 0,6 | * | * | * | * | 0 | 7 | Mirabelle, roh |
| 1,0 | * | * | * | * | 0 | 8 | Nektarine, roh |
| 0,5 | 0,02 | * | * | * | 0 | 0 | Olive, grün, mariniert |
| 0,4 | * | * | * | * | 0 | 80 | Papaya, roh |
| 2,1 | * | * | * | * | 0 | 20 | Passionsfrucht, roh |
| 0,9 | 0,03 | * | * | * | 0 | 10 | Pfirsich, roh |
| 0,6 | 0,02 | * | * | * | 0 | 4 | – in Dosen, Gesamtinhalt |
| 0,4 | 0,05 | * | * | * | 0 | 5 | Pflaume (Zwetschge), roh |
| 0,1 | 0,01 | * | * | * | 0 | 12 | Preiselbeere, roh |
| 0,2 | * | * | * | * | 0 | 14 | Quitte, roh |
| * | * | * | * | * | 0 | 6 | Reineclaude, roh |
| 0,5 | 0,11 | * | * | * | 0 | 1 | Rosine, ohne Kerne |
| 0,3 | 0,02 | * | * | * | 0 | 34 | Stachelbeere, roh |
| 0,3 | 0,07 | 1,60 | * | * | 0 | 6 | Wassermelone, roh |
| 0,3 | 0,07 | * | 43 | * | 0 | 4 | Weintraube, roh |
| 0,2 | 0,02 | * | * | * | 0 | 1 | – Saft |
| 0,2 | 0,06 | * | * | * | 0 | 53 | Zitrone, roh |
| 0,1 | 0,05 | * | * | * | 0 | 53 | – Saft |

# MILCH, MILCHPRODUKTE, KÄSE, EIER

| **Mineralstoffgehalt ausgewählter Nahrungsmittel (pro 100 g verzehrfertiger Anteil)** | Na (mg) | K (mg) | Ca (mg) | P (mg) | Mg (mg) | Fe (mg) |
|---|---|---|---|---|---|---|
| **Milch** | | | | | | |
| Kuhmilch, Vollmilch, 3,5 % Fett | 50 | 150 | 120 | 100 | 12 | 0,05 |
| – fettarm | 50 | 150 | 120 | 100 | 12 | 0,05 |
| – Rohmilch (Vorzugsmilch) | 50 | 150 | 120 | 100 | 12 | 0,05 |
| Ziegenmilch | 40 | 170 | 130 | 100 | 15 | 0,07 |
| **Milchprodukte** | | | | | | |
| Buttermilch | 60 | 150 | 110 | 80 | 16 | 0,1 |
| Joghurt, 3,5 % Fett | 50 | 160 | 130 | 100 | 12 | 0,05 |
| – fettarm | 50 | 160 | 130 | 100 | 12 | 0,05 |
| Kondensmilch, 7,5 % Fett | 98 | 322 | 242 | 189 | 27 | 0,1 |
| – 10 % Fett | 128 | 420 | 315 | 246 | 35 | 0,1 |
| Molke (Süß-) | 45 | 129 | 68 | 43 | 1 | 0,09 |
| Sahne, 10 % Fett (Kaffeerahm) | 40 | 132 | 101 | 85 | 11 | 0,1 |
| – 30 % Fett (Schlagsahne) | 34 | 112 | 80 | 63 | 10 | 0,1 |
| Crème double, 32 % Fett | 20 | 80 | 70 | 50 | 8 | 0,1 |
| **Käse** | | | | | | |
| 1. Frischkäse | | | | | | |
| – Rahm-, 50 % F. i. Tr. | 400 | 80 | 80 | 130 | 6 | 0,07 |
| – Doppelrahm-, 60 % F. i. Tr. | 400 | 90 | 90 | 140 | 8 | 0,07 |
| – Doppelrahm-, 70 % F. i. Tr. | 400 | 110 | 100 | 170 | 10 | 0,08 |
| Feta, 45 % F. i. Tr. | 1300 | 150 | 450 | 370 | 25 | 0,3 |
| Körniger Frischkäse, 20 % F. i. Tr. | 370 | 80 | 80 | 140 | 8 | 0,1 |
| Mozzarella, 45 % F. i. Tr. | 500 | 100 | 450 | 350 | 20 | 0,3 |
| Speisequark, 40 % F. i. Tr. | 40 | 120 | 110 | 180 | 10 | 0,1 |
| Speisequark, 20 % F. i. Tr. | 40 | 120 | 120 | 180 | 11 | 0,1 |
| Speisequark, mager | 40 | 140 | 120 | 190 | 11 | 0,1 |
| 2. Gereifter Käse | | | | | | |
| Appenzeller, 50 % F. i. Tr. | 600 | 100 | 800 | 500 | 36 | 0,3 |
| Bavaria blu, 70 % F. i. Tr. | 700 | 100 | 360 | 200 | 18 | 0,3 |
| Camembert, 60 % F. i. Tr. | 700 | 120 | 280 | 250 | 16 | 0,3 |
| – 45 % F. i. Tr. | 700 | 150 | 350 | 300 | 20 | 0,3 |

**Zeichenerklärung:** * keine Daten verfügbar; + in Spuren enthalten

| J (µg) | F (µg) | Mn (µg) | Cu (µg) | Zn (mg) | Se (µg) | Mineralstoffgehalt ausgewählter Nahrungsmittel (pro 100 g verzehrfertiger Anteil) |
|---|---|---|---|---|---|---|
| | | | | | | **Milch** |
| 7,5 | 13 | 5 | 12 | 0,36 | * | Kuhmilch, Vollmilch, 3,5 % |
| 7,5 | 13 | 5 | 12 | 0,37 | * | – fettarm |
| 7,5 | 13 | 5 | 12 | 0,36 | * | – Rohmilch (Vorzugsmilch) |
| 4,0 | 15 | 9 | 35 | 0,35 | * | Ziegenmilch |
| | | | | | | **Milchprodukte** |
| 5 | 20 | 4 | 10 | 0,5 | * | Buttermilch |
| 7,5 | 13 | 5 | 12 | 0,36 | * | Joghurt, 3,5 % Fett |
| 7,5 | 13 | 5 | 12 | 0,37 | * | – fettarm |
| 15 | 26 | 10 | 24 | 0,72 | * | Kondensmilch, 7,5 % Fett |
| 20 | 35 | 14 | 33 | 1,0 | * | – 10 % Fett |
| 8 | 10 | 0,6 | 1,8 | 0,23 | * | Molke (Süß-) |
| 12 | 12 | 4 | 25 | 0,43 | * | Sahne, 10 % Fett (Kaffeerahm) |
| 9 | 9 | 2,7 | 18 | 0,32 | * | – 30 % Fett (Schlagsahne) |
| 8 | 8 | 2,3 | 16 | 0,31 | * | Crème double, 32 % Fett |
| | | | | | | **Käse** |
| | | | | | | 1. Frischkäse |
| 7 | 12 | 5 | 12 | 0,35 | * | – Rahm-, 50 % F. i. Tr. |
| 7 | 12 | 5 | 12 | 0,35 | * | – Doppelrahm-, 60 % F. i. Tr. |
| 8 | 14 | 6 | 13 | 0,4 | * | – Doppelrahm-, 70 % F. i. Tr. |
| 25 | 110 | 35 | 80 | 2,0 | * | Feta, 45 % F. i. Tr. |
| 20 | 17 | 6 | 17 | 0,5 | * | Körniger Frischkäse, 20 % F. i. Tr. |
| 15 | 60 | 20 | 50 | 1,7 | * | Mozzarella, 45 % F. i. Tr. |
| 9 | 15 | 6 | 15 | 0,5 | * | Speisequark, 40 % F. i. Tr. |
| 10 | 16 | 7 | 16 | 0,5 | * | Speisequark, 20 % F. i. Tr. |
| 10 | 17 | 7 | 17 | 0,6 | * | Speisequark, mager |
| | | | | | | 2. Gereifter Käse |
| 35 | 135 | 50 | 115 | 4,0 | * | Appenzeller, 50 % F. i. Tr. |
| 20 | 100 | 30 | 70 | 2,4 | * | Bavaria blu, 70 % F. i. Tr. |
| 20 | 100 | 30 | 70 | 2,6 | * | Camembert, 60 % F. i. Tr. |
| 20 | 100 | 30 | 70 | 3,0 | * | – 45 % F. i. Tr. |

# MILCH, MILCHPRODUKTE, KÄSE, EIER

| **Mineralstoffgehalt ausgewählter Nahrungsmittel (pro 100 g verzehrfertiger Anteil)** | Na (mg) | K (mg) | Ca (mg) | P (mg) | Mg (mg) | Fe (mg) |
|---|---|---|---|---|---|---|
| Edamer, deutscher, 45 % F. i. Tr. | 600 | 100 | 800 | 550 | 36 | 0,3 |
| – 30 % F. i. Tr. | 600 | 120 | 870 | 560 | 40 | 0,35 |
| Emmentaler, 45 % F. i. Tr. | 300 | 100 | 1100 | 700 | 43 | 0,3 |
| Gouda, 48 % F. i. Tr. | 600 | 100 | 750 | 500 | 34 | 0,3 |
| Harzer, Mainzer Handkäse | 800 | 100 | 180 | 270 | 15 | 0,3 |
| Leerdamer, 45 % F. i. Tr. | 600 | 100 | 750 | 500 | 40 | 0,3 |
| Parmesan, 32 % F. i. Tr. | 1000 | 100 | 1400 | 950 | 44 | 0,6 |
| Raclette, 48 % F. i. Tr. | 600 | 100 | 750 | 500 | 34 | 0,3 |
| Schmelzkäse (Scheiben), 45 % F. i. Tr. | 1300 | 150 | 600 | 800 | 30 | 0,9 |
| Schmelzkäse (streichfähig), 45 % F. i. Tr. | 1200 | 150 | 500 | 700 | 30 | 0,9 |
| Schmelzkäse (streichfähig), 20 % F. i. Tr. | 1200 | 200 | 600 | 1100 | 30 | 0,9 |
| Tilsiter, 45 % F. i. Tr. | 600 | 100 | 750 | 500 | 37 | 0,4 |
| Westberg, 45 % F. i. Tr. | 600 | 100 | 750 | 500 | 40 | 0,3 |
| Ziegenweichkäse, 45 % F. i. Tr. | 800 | 230 | 430 | 400 | 25 | 0,4 |
| **Eier** | | | | | | |
| 1 Hühnerei (Gew. Kl. M) | 66 | 75 | 30 | 115 | 7 | 1,4 |
| 1 Hühnerei (Gew. Kl. S) | 54 | 62 | 26 | 97 | 6 | 1,3 |
| 1 Eidotter, mittelgroß, 19 g | 10 | 26 | 27 | 108 | 3 | 1,4 |
| 1 Eiklar, mittelgroß, 33 g | 56 | 49 | 4 | 7 | 4 | 0,1 |
| Hühnervollei, getrocknet | 455 | 516 | 208 | 792 | 47 | 9,7 |
| Hühnereigelb, getrocknet | 97 | 267 | 272 | 1099 | 31 | 13,9 |

**Zeichenerklärung:** * keine Daten verfügbar; + in Spuren enthalten

| J (µg) | F (µg) | Mn (µg) | Cu (µg) | Zn (mg) | Se (µg) | Mineralstoffgehalt ausgewählter Nahrungsmittel (pro 100 g verzehrfertiger Anteil) |
|---|---|---|---|---|---|---|
| | | | | | | **Süßwasserfische** |
| * | 160 | * | * | 1,2 | * | Aal (Flussaal) |
| * | * | * | * | * | * | Barsch (Flussbarsch) |
| * | * | * | * | * | * | Forelle (Bachforelle) |
| * | * | * | * | 1,1 | * | Hecht |
| * | * | * | * | * | * | Karpfen |
| 34 | 580 | * | 200 | * | * | Lachs |
| * | * | * | * | 1,2 | * | Renke (Felchen) |
| * | * | * | * | * | * | Schleie |
| * | * | * | * | * | * | Zander |
| | | | | | | **Meeresfrüchte** |
| * | * | * | * | bis 160 | * | Auster |
| * | * | * | 240 | 2,3 | * | Garnele, Speisekrabbe |
| * | * | * | 700 | 1,6 | * | Hummer |
| * | * | * | * | * | * | Krebs (Flusskrebs) |
| * | * | * | * | * | * | Miesmuschel (Pfahlmuschel) |

# FLEISCH UND GEFLÜGEL

| **Mineralstoffgehalt ausgewählter Nahrungsmittel (pro 100 g verzehrfertiger Anteil)** | Na (mg) | K (mg) | Ca (mg) | P (mg) | Mg (mg) | Fe (mg) |
|---|---|---|---|---|---|---|
| **Schweinefleisch** | | | | | | |
| Bug (Schulter) | 74 | 291 | 9 | 149 | 25 | 1,8 |
| Haxe (Eisbein) | 78 | 320 | 2 | 78 | * | * |
| Filet | 75 | 350 | 5 | 175 | 25 | 0,89 |
| Kamm (Hals) | 76 | 252 | 5 | 139 | 17 | 2,2 |
| Keule (Schlegel) | 75 | 300 | 9 | 170 | 25 | 1,8 |
| Kotelett | 65 | 315 | 11 | 150 | 25 | 1,8 |
| Schnitzel | 56 | 373 | 2 | 194 | * | 2,3 |
| Leber | 75 | 350 | 10 | 360 | 20 | 20,0 |
| Niere | 175 | 240 | 7 | 260 | * | 10,0 |
| **Rindfleisch** | | | | | | |
| Filet | 50 | 340 | 5 | 165 | 20 | 2,1 |
| Hochrippe (Rostbraten) | 95 | 348 | 12 | 149 | 18 | 2,1 |
| Kamm (Hals) | 76 | 362 | 13 | 200 | * | 3,2 |
| Keule (Schlegel) | 80 | 357 | 13 | 195 | 20 | 2,6 |
| Lende (Roastbeef) | 75 | 335 | 12 | 155 | 25 | 2,5 |
| Ochsenschwanz | 107 | 206 | 13 | * | * | * |
| Hackfleisch, 14 % Fett | * | 199 | 18 | 190 | 33 | 2,4 |
| Leber | 115 | 290 | 7 | 360 | 17 | 7,1 |
| Niere | 236 | 245 | 11 | 250 | 20 | 10,0 |
| Zunge | 100 | 255 | 10 | 229 | 10 | 3,0 |
| **Kalbfleisch** | | | | | | |
| Brust | 105 | 329 | 11 | 237 | * | 3,0 |
| Filet | 95 | 350 | 12 | 200 | 20 | 1,4 |
| Haxe | 115 | 300 | 12 | 200 | * | 3,0 |
| Keule (Schlegel) | 90 | 345 | 13 | 200 | 16 | 2,3 |
| Kotelett | 95 | 370 | 13 | 195 | 16 | 2,1 |
| Schnitzel | 83 | 355 | 15 | 206 | * | 3,0 |
| Leber | 85 | 315 | 9 | 305 | 19 | 7,9 |
| Lunge | 155 | 305 | 5 | * | * | 5,0 |
| Niere | 200 | 290 | 10 | 260 | 18 | 12,0 |
| Zunge | 84 | 200 | 9 | 190 | 10 | 3,0 |

**Zeichenerklärung:** * keine Daten verfügbar; + in Spuren enthalten

| J (µg) | F (µg) | Mn (µg) | Cu (µg) | Zn (mg) | Se (µg) | Mineralstoffgehalt ausgewählter Nahrungsmittel (pro 100 g verzehrfertiger Anteil) |
|---|---|---|---|---|---|---|
| | | | | | | **Schweinefleisch** |
| 1 | 80 | 14 | 100 | 3,5 | 7 | Bug (Schulter) |
| * | * | * | * | * | * | Haxe (Eisbein) |
| 1 | * | 14 | 105 | 3,63 | 7 | Filet |
| * | * | * | * | * | * | Kamm (Hals) |
| * | 60 | 25 | 200 | 2,6 | * | Keule (Schlegel) |
| * | 50 | 60 | 100 | 1,39 | 25 | Kotelett |
| * | * | * | * | * | * | Schnitzel |
| 14 | 290 | 360 | 5000 | 6,0 | 60 | Leber |
| * | * | 60 | 170 | 0,37 | 200–400 | Niere |
| | | | | | | **Rindfleisch** |
| 1 | 100 | 20 | 70 | 3,6 | 35 | Filet |
| * | * | * | * | * | * | Hochrippe (Rostbraten) |
| * | * | * | * | * | * | Kamm (Hals) |
| * | * | * | * | * | * | Keule (Schlegel) |
| * | * | * | 40 | 2,5 | * | Lende (Roastbeef) |
| * | * | * | * | * | * | Ochsenschwanz |
| * | * | * | * | * | * | Hackfleisch, 14 % Fett |
| 14 | 130 | 250 | 3600 | 5,1 | 35 | Leber |
| * | 200 | 110 | 390 | 2,0 | 100–500 | Niere |
| * | * | * | * | * | * | Zunge |
| | | | | | | **Kalbfleisch** |
| * | * | * | * | * | * | Brust |
| 2 | 20 | 10 | 60 | 4,3 | * | Filet |
| * | * | * | * | * | * | Haxe |
| 3 | 20 | 30 | 250 | * | * | Keule (Schlegel) |
| 3 | 20 | 30 | 250 | 2,3 | * | Kotelett |
| * | * | * | * | * | * | Schnitzel |
| 4 | 19 | 280 | 5500 | 8,4 | 40 | Leber |
| * | * | * | * | * | * | Lunge |
| 4 | 200 | 50 | 370 | 1,8 | 260 | Niere |
| * | * | * | * | * | * | Zunge |

# FISCHE UND MEERESFRÜCHTE

| **Mineralstoffgehalt ausgewählter Nahrungsmittel (pro 100 g verzehrfertiger Anteil)** | Na (mg) | K (mg) | Ca (mg) | P (mg) | Mg (mg) | Fe (mg) |
|---|---|---|---|---|---|---|
| **Hammel- und Lammfleisch** | | | | | | |
| Brust | 93 | 294 | 9 | 155 | * | 2,3 |
| Filet | 95 | 290 | 12 | 160 | 19 | 2,0 |
| Keule (Schlegel) | 80 | 380 | 10 | 215 | 25 | 2,5 |
| Kotelett | 90 | 345 | 9 | 140 | * | 2,2 |
| Lende | 75 | 295 | 9 | 140 | * | 2,0 |
| Schnitzel | 80 | 417 | * | * | * | 2,0 |
| **Geflügel** | | | | | | |
| Ente, i. D. | 140 | 290 | 11 | 185 | * | 2,1 |
| Gans, i. D. | 85 | 420 | 12 | 185 | 25 | 2,0 |
| Huhn, Brathuhn | 85 | 360 | 12 | 200 | 35 | 1,8 |
| – Brust | 66 | 264 | 14 | 212 | * | 1,1 |
| – Keule (Schlegel) | 95 | 250 | 15 | 190 | * | 1,8 |
| – Suppenhuhn | * | 190 | 11 | 180 | * | 1,4 |
| – Leber | 70 | 220 | 18 | 240 | 13 | 7,4 |
| Pute, (ausgewachsen) | 65 | 300 | 25 | 225 | 25 | 1,4 |
| – Brust | 45 | 335 | * | * | 20 | 1,0 |
| – Keule | 85 | 290 | * | * | 17 | 2,0 |
| – Jungtiere, i. D. | 65 | 315 | 25 | 240 | 30 | 1,5 |
| **Wild und sonstige Fleischarten** | | | | | | |
| Hase, i. D. | 50 | 400 | 9 | 220 | * | 2,4 |
| Hirsch, i. D. | 60 | 330 | 7 | 250 | 30 | * |
| Reh, Keule (Schlegel) | 60 | 309 | 5 | 220 | * | 3,0 |
| – Rücken | 85 | 340 | 25 | 220 | * | 3,0 |
| Fasan | 40 | 245 | 11 | 250 | 20 | 0,4 |
| Kaninchen | 45 | 380 | 14 | 225 | 30 | 3,5 |

**Zeichenerklärung:**
* keine Daten verfügbar; + in Spuren enthalten; i. D. im Durchschnitt

| J (µg) | F (µg) | Mn (µg) | Cu (µg) | Zn (mg) | Se (µg) | Mineralstoffgehalt ausgewählter Nahrungsmittel (pro 100 g verzehrfertiger Anteil) |
|---|---|---|---|---|---|---|
| | | | | | | **Hammel- und Lammfleisch** |
| * | * | * | * | * | * | Brust |
| * | 20 | 13 | 90 | 2,0 | 1 | Filet |
| 2 | * | 15 | 100 | 3,7 | 2 | Keule (Schlegel) |
| * | * | * | * | * | * | Kotelett |
| * | * | * | * | * | * | Lende |
| * | * | * | * | * | * | Schnitzel |
| | | | | | | **Geflügel** |
| * | * | 30 | 450 | * | * | Ente, i. D. |
| 4 | * | 50 | 330 | 1,3 | 25 | Gans, i. D. |
| * | 35 | 20 | 300 | 0,85 | * | Huhn, Brathuhn |
| * | * | * | * | * | * | – Brust |
| * | * | * | * | * | 14 | – Keule (Schlegel) |
| * | * | * | * | * | * | – Suppenhuhn |
| * | * | 75 | 300 | 3,2 | 65 | – Leber |
| * | * | 35 | 100 | 2,0 | * | Pute (ausgewachsen) |
| * | * | 30 | 130 | 1,8 | * | – Brust |
| * | * | 50 | 160 | 2,4 | * | – Keule |
| * | * | 35 | 110 | 2,1 | * | – Jungtiere, i. D. |
| | | | | | | **Wild und sonstige Fleischarten** |
| + | * | * | * | * | * | Hase, i. D. |
| * | * | * | * | * | * | Hirsch, i. D. |
| * | * | * | * | * | * | Reh, Keule (Schlegel) |
| * | * | * | * | * | * | – Rücken |
| * | * | 17 | 65 | 0,96 | * | Fasan |
| * | * | 40 | 150 | 1,7 | 10 | Kaninchen |

# FLEISCH UND GEFLÜGEL

| **Mineralstoffgehalt ausgewählter Nahrungsmittel (pro 100 g verzehrfertiger Anteil)** | Na (mg) | K (mg) | Ca (mg) | P (mg) | Mg (mg) | Fe (mg) |
|---|---|---|---|---|---|---|
| **Fleisch- und Wurstwaren** | | | | | | |
| Bierschinken | 753 | 261 | 15 | 152 | 18 | 1,5 |
| Bratwurst (vom Schwein) | 520 | 140 | 5 | 190 | 15 | 1,0 |
| Fleisch- und Leberkäse | 599 | 299 | 4 | * | 15 | 2,0 |
| Fleischwurst (Lyoner) | 829 | 199 | 14 | 129 | 13 | 1,7 |
| Jagdwurst | 818 | 260 | 14 | 144 | 19 | 2,9 |
| Kasseler | 950 | 325 | 6 | 160 | * | 2,5 |
| Leberwurst | 810 | 145 | 40 | 155 | * | 5,3 |
| Mortadella | 668 | 207 | 42 | 143 | 19 | 3,1 |
| Münchner Weißwurst | 620 | 122 | 25 | * | * | * |
| Rotwurst (Blutwurst) | 680 | 38 | 7 | 22 | 8 | 6,4 |
| Salami | 1260 | 300 | 35 | 165 | * | * |
| Schinken, gekocht | 960 | 270 | 15 | 135 | 25 | 2,3 |
| Schinken, roh, geräuchert | 1400 | 250 | 10 | 205 | 20 | 2,25 |
| Speck, durchwachsen | 1770 | 225 | 9 | 108 | 15 | 0,8 |
| Wiener Würstchen | 940 | 205 | 13 | 170 | * | 2,4 |

**Zeichenerklärung:** * keine Daten verfügbar; + in Spuren enthalten

| J (µg) | F (µg) | Mn (µg) | Cu (µg) | Zn (mg) | Se (µg) | Mineralstoffgehalt ausgewählter Nahrungsmittel (pro 100 g verzehrfertiger Anteil) |
|---|---|---|---|---|---|---|
| | | | | | | **Fleisch- und Wurstwaren** |
| * | * | * | * | * | * | Bierschinken |
| * | * | * | * | * | * | Bratwurst (vom Schwein) |
| * | * | * | * | * | * | Fleisch- und Leberkäse |
| * | * | * | * | * | * | Fleischwurst (Lyoner) |
| * | * | * | * | * | * | Jagdwurst |
| * | * | * | * | * | * | Kasseler |
| * | * | * | * | * | * | Leberwurst |
| * | * | * | * | * | * | Mortadella |
| * | * | * | * | * | * | Münchner Weißwurst |
| * | * | * | * | * | * | Rotwurst (Blutwurst) |
| * | * | * | * | * | * | Salami |
| * | * | * | * | * | * | Schinken, gekocht |
| * | * | * | * | * | * | Schinken, roh, geräuchert |
| * | * | * | * | * | * | Speck, durchwachsen |
| * | * | * | * | * | * | Wiener Würstchen |

TopVital

# GETREIDE UND GETREIDEERZEUGNISSE

| **Mineralstoffgehalt ausgewählter Nahrungsmittel (pro 100 g verzehrfertiger Anteil)** | Na (mg) | K (mg) | Ca (mg) | P (mg) | Mg (mg) | Fe (mg) |
|---|---|---|---|---|---|---|
| **Getreide und Mahlprodukte** | | | | | | |
| Buchweizen, Korn, geschält | 2 | 324 | 21 | 254 | 85 | 3,2 |
| – Grütze | 1 | 220 | 12 | 150 | 50 | 2,0 |
| – Vollmehl | 1 | 380 | 33 | 189 | 50 | 2,0 |
| Gerste, Korn | 18 | 444 | 33 | 342 | 114 | 2,8 |
| – Perlgraupen | 5 | 190 | 14 | 189 | 125 | 2,0 |
| Grünkern (Dinkel), Korn | 2,8 | 445 | 20 | 410 | 130 | 4,2 |
| – Mehl | 3 | 381 | 24 | 384 | 114 | 3,0 |
| Hafer, Korn | 8 | 355 | 79 | 342 | 129 | 5,8 |
| – Flocken (Vollkorn) | 5 | 335 | 55 | 390 | 140 | 4,6 |
| Hirse, Korn | 3 | 215 | 20 | 310 | 170 | 9,0 |
| Mais, Korn | 6 | 330 | 15 | 255 | 120 | 1,5 |
| – Grieß (Polenta) | 1 | 80 | 4 | 73 | 20 | 1,0 |
| – Vollmehl | 0,7 | 120 | 18 | 255 | 45 | 2,4 |
| Quinoa | 10 | 804 | 80 | 328 | 276 | 8,0 |
| Reis, Korn, unpoliert | 10 | 150 | 25 | 325 | 155 | 2,6 |
| – poliert | 6 | 105 | 6 | 120 | 65 | 0,6 |
| Roggen, Korn | 40 | 510 | 65 | 335 | 120 | 4,6 |
| – Mehl, Type 815 | 1 | 170 | 20 | 125 | 25 | 2,1 |
| – Mehl, Type 1150 | 1 | 295 | 20 | 175 | 65 | 2,42 |
| – Vollkornmehl, Type 1800 | 2 | 440 | 25 | 325 | 85 | * |
| – Keime | * | * | * | * | * | * |
| Weizen, Korn | 8 | 500 | 45 | 345 | 145 | 3,0 |
| – Grieß | 1 | 112 | 17 | 87 | 30 | 1,0 |
| – Mehl, Type 405 | 2 | 110 | 15 | 75 | * | 1,1 |
| – Mehl, Type 1050 | 2 | 203 | 14 | 208 | 53 | 2,8 |
| – Vollkornmehl, Type 1700 | 2 | 290 | 40 | 392 | 1401 | 4,0 |
| – Keime, getrocknet | 5 | 835 | 70 | 1100 | 250 | 8,0 |
| – Speisekleie | 2 | 1390 | 45 | 1280 | 590 | 3,58 |

**Zeichenerklärung:** * keine Daten verfügbar; + in Spuren enthalten

| J (µg) | F (µg) | Mn (µg) | Cu (µg) | Zn (mg) | Se (µg) | **Mineralstoffgehalt ausgewählter Nahrungsmittel (pro 100 g verzehrfertiger Anteil)** |
|---|---|---|---|---|---|---|
| * | * | * | * | * | * | Alfalfa/Luzerne, Sprosse, frisch |
| * | * | 2000 | * | 2,8 | * | Bohnenkern, weiß |
| 15 | 40 | 1300 | 740 | 3,8 | * | Erbse |
| | * | * | * | * | * | Kichererbsen |
| * | * | 1950 | 780 | 3,1 | * | Limabohne |
| * | 25 | * | 660 | 5,0 | 11 | Linsen |
| 6 | * | 3000 | 110 | 1,0 | 60 | Sojabohnen |
| * | * | * | * | * | * | Sojakäse (Tofu) |
| * | * | * | * | * | * | Sojasprossen, frisch |
| 10 | 140 | 840 | 3700 | 4,8 | * | Cashewkern |
| 13 | 130 | 1000 | 550 | 3,07 | 2 | Erdnuss |
| 2 | * | 6000 | 1280 | 1,87 | 2 | Haselnusskern |
| + | * | 750 | 230 | * | * | Kastanie (Marone) |
| 1 | * | 1310 | 3650 | 0,5 | 810 | Kokosnuss (Fruchtmark) |
| * | * | * | * | * | * | Kokosmilch |
| * | * | * | * | * | * | Kokosraspel |
| * | * | * | * | * | * | Macadamianuss |
| 2 | 90 | 2000 | 850 | 2,0 | 2 | Mandelkern |
| + | * | 600 | 1300 | 4,0 | 100 | Paranuss |
| 3500 | * | * | * | * | 3 | Pecannuss |
| * | * | * | * | * | * | Pinienkern |
| * | * | * | * | * | 450 | Pistazienkern |
| * | * | * | 1600 | * | 800 | Sesamsamen |
| * | * | 2400 | 2800 | 5,2 | * | Sonnenblumenkern, geschält |
| 3 | 680 | 2000 | 880 | 2,7 | * | Walnusskern |

# GEMÜSE, KRÄUTER, PILZE

| **Mineralstoffgehalt ausgewählter Nahrungsmittel (pro 100 g verzehrfertiger Anteil)** | Na (mg) | K (mg) | Ca (mg) | P (mg) | Mg (mg) | Fe (mg) |
|---|---|---|---|---|---|---|
| **Gemüse und Kräuter** | | | | | | |
| Artischocke | 47 | 350 | 53 | 130 | 26 | 1,5 |
| Aubergine | 3 | 224 | 13 | 21 | 11 | 0,42 |
| Bambussprosse, roh | 6 | 470 | 15 | 55 | * | 0,7 |
| Bleichsellerie, roh | 132 | 344 | 80 | 48 | 12 | 0,5 |
| Blumenkohl, roh | 16 | 330 | 20 | 55 | 17 | 0,63 |
| Bohne, grün, roh | 2 | 250 | 55 | 40 | 25 | 0,83 |
| Brennnessel | 18 | 316 | 190 | 61 | * | * |
| Brokkoli, roh | 13 | 373 | 113 | 82 | 24 | 1,3 |
| Brunnenkresse | 12 | 276 | 180 | 64 | 34 | 3,1 |
| Chicoree, roh | 4 | 190 | 25 | 25 | 13 | 0,74 |
| Chinakohl | 19 | 144 | 40 | 30 | 11 | 0,6 |
| Endivie | 53 | 320 | 55 | 55 | 10 | 1,4 |
| Erbse, grün, roh | 1 | 340 | 15 | 100 | 30 | 1,9 |
| Feldsalat | 4 | 420 | 32 | 49 | 13 | 2,0 |
| Fenchel, Knolle | 85 | 495 | 110 | 50 | 50 | 2,7 |
| Gartenkresse | 5 | 550 | 215 | 38 | 40 | 2,9 |
| Grünkohl, roh | 40 | 490 | 210 | 85 | 30 | 1,9 |
| Gurke (Salatgurke) | 8 | 141 | 15 | 25 | 8 | 0,5 |
| Kartoffel, roh | 3 | 411 | 6 | 50 | 20 | 0,4 |
| Knoblauch, roh | 19 | 530 | 40 | 135 | 35 | 1,4 |
| Knollensellerie, roh | 77 | 310 | 68 | 80 | 9 | 0,5 |
| Kohlrabi, roh | 32 | 372 | 68 | 51 | 43 | 0,9 |
| Kohlrübe, roh | 10 | 227 | 47 | 39 | 11 | 0,5 |
| Kopfsalat | 8 | 172 | 20 | 22 | 9 | 0,3 |
| Kürbis, roh | 1 | 383 | 22 | 44 | 8 | 0,8 |
| Löwenzahnblatt | 76 | 435 | 173 | 70 | 36 | 3,1 |
| Mangold, roh | 90 | 376 | 103 | 39 | * | 2,7 |
| Meerrettich, roh | 9 | 554 | 105 | 65 | 33 | 1,4 |
| Möhre (Karotte), roh | 60 | 290 | 41 | 36 | 17 | 2,1 |
| Paprikaschote, grün, roh | 2 | 190 | 11 | 30 | 12 | 0,7 |
| Paprikaschote, rot, roh | 5 | 260 | 10 | 30 | 14 | 0,5 |
| Pastinake, roh | 8 | 469 | 51 | 73 | 22 | 0,6 |
| Petersilienblatt | 33 | 1000 | 245 | 128 | 41 | 6,0 |

**Zeichenerklärung:** * keine Daten verfügbar; + in Spuren enthalten

| J (µg) | F (µg) | Mn (µg) | Cu (µg) | Zn (mg) | Se (µg) | **Mineralstoffgehalt ausgewählter Nahrungsmittel (pro 100 g verzehrfertiger Anteil)** |
|---|---|---|---|---|---|---|
| | | | | | | **Gemüse und Kräuter** |
| * | * | 380 | 320 | 0,06 | * | Artischocke |
| 1 | * | 190 | 90 | 0,28 | * | Aubergine |
| * | * | * | * | * | * | Bambussprosse, roh |
| + | * | * | 120 | 0,11 | * | Bleichsellerie, roh |
| + | 12 | 170 | 140 | 0,23 | 1–16 | Blumenkohl, roh |
| 3 | 12 | 380 | 140 | 0,18 | 1 | Bohne, grün, roh |
| * | * | * | * | * | * | Brennnessel |
| 1 | 10 | 260 | 200 | 0,94 | * | Brokkoli, roh |
| * | * | * | * | * | * | Brunnenkresse |
| 1 | * | 300 | 140 | 0,19 | * | Chicoree, roh |
| + | 15 | 280 | 20 | 0,34 | * | Chinakohl |
| 6 | * | 220 | 100 | 0,34 | 13 | Endivie |
| 4 | 25 | 660 | 380 | 1,03 | 1 | Erbse, grün, roh |
| * | * | * | 110 | 0,54 | * | Feldsalat |
| * | * | * | 60 | 0,25 | * | Fenchel, Knolle |
| * | 25 | * | * | * | * | Gartenkresse |
| 12 | 20 | 550 | 90 | 0,33 | 2 | Grünkohl, roh |
| 3 | 20 | 150 | 90 | 0,16 | 0–60 | Gurke (Salatgurke) |
| 4 | 10 | 150 | 150 | 270 | 4–20 | Kartoffel, roh |
| 3 | * | 460 | 260 | 1,0 | 20 | Knoblauch, roh |
| 3 | 14 | 150 | 20 | 0,31 | 1–10 | Knollensellerie, roh |
| 1 | * | 130 | 120 | 0,26 | 8–165 | Kohlrabi, roh |
| 4 | 30 | 40 | 80 | 0,08 | * | Kohlrübe, roh |
| 3 | 30 | 350 | 55 | 0,22 | 1–10 | Kopfsalat |
| 1 | * | 65 | 80 | 0,2 | * | Kürbis, roh |
| * | * | * | * | * | * | Löwenzahnblatt |
| * | * | 300 | 80 | 0,35 | * | Mangold, roh |
| 1 | * | 460 | 140 | 1,4 | + | Meerrettich, roh |
| 15 | 25 | 210 | 130 | 0,64 | + | Möhre (Karotte), roh |
| 2 | * | 100 | 100 | 0,18 | 1 | Paprikaschote, grün, roh |
| 1 | * | 100 | 80 | 0,26 | * | Paprikaschote, rot, roh |
| 4 | 10 | 400 | 100 | 0,85 | * | Pastinake, roh |
| 15 | 110 | 3000 | 520 | 0,9 | bis 110 | Petersilienblatt |

# GEMÜSE, KRÄUTER, PILZE

| **Mineralstoffgehalt ausgewählter Nahrungsmittel (pro 100 g verzehrfertiger Anteil)** | Na (mg) | K (mg) | Ca (mg) | P (mg) | Mg (mg) | Fe (mg) |
|---|---|---|---|---|---|---|
| Porree (Lauch), roh | 5 | 225 | 85 | 45 | 18 | 1,0 |
| Radieschen, roh | 17 | 255 | 35 | 28 | 8 | 1,2 |
| Rettich | 18 | 322 | 32 | 30 | 15 | 0,8 |
| Rhabarber, roh | 2 | 270 | 50 | 25 | 13 | 0,53 |
| Rosenkohl, roh | 7 | 390 | 31 | 80 | 22 | 1,1 |
| Rote Bete, roh | 62 | 335 | 29 | 45 | 25 | 0,93 |
| – Saft | 200 | 242 | 2 | 29 | * | * |
| Rotkohl, roh | 4 | 267 | 35 | 32 | 18 | 0,5 |
| Sauerampferblatt | 4 | 362 | 54 | 71 | 41 | 8,5 |
| Sauerkraut, abgetropft, roh | 355 | 288 | 48 | 43 | 14 | 0,6 |
| Schnittlauch | 3 | 434 | 129 | 75 | 44 | 1,9 |
| Schwarzwurzel, roh | 5 | 320 | 53 | 76 | 23 | 3,3 |
| Spargel, roh | 4 | 203 | 26 | 46 | 18 | 0,7 |
| Spinat, roh | 65 | 633 | 126 | 55 | 58 | 4,1 |
| Süßkartoffel (Batate), roh | 4 | 400 | 35 | 45 | 25 | 0,8 |
| Tomate, roh | 3 | 242 | 9 | 18 | 14 | 0,6 |
| – Saft | 5 | 230 | 15 | 15 | 10 | 0,6 |
| Topinambur, roh | * | 480 | 10 | 80 | 20 | 3,7 |
| Weiße Rübe, roh | 58 | 240 | 50 | 28 | 7 | 0,4 |
| Weißkohl, roh | 13 | 208 | 49 | 29 | 23 | 0,5 |
| Wirsing, roh | 9 | 275 | 47 | 55 | 12 | 0,9 |
| Zucchini, roh | 3 | 152 | 30 | 25 | + | 1,5 |
| Zuckermais, Maiskörner, roh | 0,3 | 300 | 6 | 115 | 50 | 0,55 |
| Zwiebel, roh | 9 | 135 | 27 | 42 | 11 | 0,5 |
| **Pilze** | | | | | | |
| Austernpilz | 6 | 254 | 12 | 67 | 13 | 1,2 |
| Birkenpilz | 2 | 346 | 9 | 115 | * | 1,6 |
| Butterpilz | * | 190 | 25 | * | 6 | 1,3 |
| Champignon (Zucht-) | 12 | 418 | 10 | 120 | 13 | 1,1 |
| Morchel (Speise-) | 2 | 390 | 11 | 162 | 11 | 1,2 |
| Pfifferling | 3 | 367 | 4 | 56 | 14 | 6,5 |
| Steinpilz | 6 | 486 | 23 | 115 | 12 | 1,0 |

**Zeichenerklärung:** * keine Daten verfügbar; + in Spuren enthalten

| J (µg) | F (µg) | Mn (µg) | Cu (µg) | Zn (mg) | Se (µg) | Mineralstoffgehalt ausgewählter Nahrungsmittel (pro 100 g verzehrfertiger Anteil) |
|---|---|---|---|---|---|---|
| 1 | 10 | 190 | 55 | 0,31 | 0–10 | Porree (Lauch), roh |
| 8 | 70 | 125 | 150 | 0,16 | * | Radieschen, roh |
| 8 | * | 50 | 130 | 0,2 | 2–30 | Rettich |
| 1 | 40 | 130 | 50 | 0,13 | * | Rhabarber, roh |
| 1 | * | 260 | 90 | 0,87 | 18 | Rosenkohl, roh |
| 1 | 20 | 1000 | 190 | 0,59 | 1–20 | Rote Bete, roh |
| * | * | * | * | * | * | – Saft |
| 5 | 12 | 100 | 60 | 0,22 | 2 | Rotkohl, roh |
| * | * | * | * | * | * | Sauerampferblatt |
| * | 45 | 140 | 130 | 0,32 | * | Sauerkraut, abgetropft, roh |
| 4 | * | * | * | * | * | Schnittlauch |
| * | * | 410 | 300 | 0,22 | * | Schwarzwurzel, roh |
| 7 | 50 | 270 | 150 | 0,5 | * | Spargel, roh |
| 12 | 110 | 760 | 120 | 0,5 | 2–18 | Spinat, roh |
| * | * | * | * | * | * | Süßkartoffel (Batate), roh |
| 2 | 25 | 140 | 90 | 0,24 | 1–10 | Tomate, roh |
| * | * | * | * | * | * | – Saft |
| * | * | * | * | * | * | Topinambur, roh |
| 8 | * | 70 | 70 | 0,23 | 3–25 | Weiße Rübe, roh |
| 5 | 12 | 100 | 60 | 0,21 | 18 | Weißkohl, roh |
| * | * | 200 | 70 | 0,3 | 3 | Wirsing, roh |
| 2 | * | 140 | 80 | * | * | Zucchini, roh |
| 3 | * | 200 | 60 | 1,0 | 3 | Zuckermais, Maiskörner, roh |
| 2 | 40 | 230 | 80 | 0,82 | 1–10 | Zwiebel, roh |
| | | | | | | **Pilze** |
| * | * | * | * | * | * | Austernpilz |
| * | * | * | * | * | * | Birkenpilz |
| * | * | * | * | * | * | Butterpilz |
| 18 | 30 | 110 | 400 | 0,39 | 7 | Champignon (Zucht-) |
| * | * | * | * | * | * | Morchel (Speise-) |
| * | 50 | 180 | 600 | 0,65 | 1 | Pfifferling |
| * | 65 | 170 | 230 | 0,7 | * | Steinpilz |

# OBST UND OBSTPRODUKTE

| Mineralstoffgehalt ausgewählter Nahrungsmittel (pro 100 g verzehrfertiger Anteil) | Na (mg) | K (mg) | Ca (mg) | P (mg) | Mg (mg) | Fe (mg) |
|---|---|---|---|---|---|---|
| Ananas, roh | 2 | 172 | 16 | 9 | 17 | 0,4 |
| Apfel, ungeschält, roh | 3 | 144 | 4 | 6 | 10 | 0,5 |
| – Saft | 2 | 115 | 7 | 7 | 4 | 0,26 |
| Apfelsine, roh | 1 | 189 | 42 | 22 | 14 | 0,4 |
| – Saft, frisch gepresst | 1 | 157 | 11 | 16 | 12 | 0,2 |
| – Saft, Handelsware | 1 | 170 | 15 | 16 | 12 | 0,27 |
| Aprikose, roh | 2 | 280 | 17 | 22 | 9 | 0,65 |
| – getrocknet | 11 | 1370 | 82 | 111 | 50 | 4,4 |
| – in Dosen, Gesamtinhalt | 13 | 171 | 11 | 15 | 9 | 0,7 |
| Avocado, roh | 3 | 503 | 10 | 38 | 29 | 0,6 |
| Banane, roh | 1 | 382 | 8 | 27 | 36 | 0,7 |
| Birne, roh | 2 | 128 | 9 | 13 | 8 | 0,3 |
| – in Dosen, Gesamtinhalt | 4 | 65 | 6 | 8 | 4 | 0,4 |
| Brombeere, roh | 2 | 180 | 44 | 30 | 30 | 0,9 |
| – Saft | 1 | 170 | 12 | 12 | * | 0,9 |
| Dattel, getrocknet | 18 | 649 | 61 | 60 | 50 | 2,5 |
| Erdbeere, roh | 2 | 147 | 24 | 25 | 15 | 1,0 |
| Feige, frisch | 2 | 217 | 54 | 32 | 20 | 0,6 |
| – getrocknet | 37 | 850 | 190 | 108 | 70 | 3,2 |
| Granatapfelsaft, frisch | 1 | 200 | 3 | 8 | 3 | 0,2 |
| Grapefruit, roh | 2 | 180 | 18 | 16 | 10 | 0,4 |
| Guave, in Dosen, Gesamtinhalt | 7 | 120 | 8 | 11 | 6 | * |
| Hagebutte, Fleisch und Schale | 146 | 291 | 257 | 258 | 104 | 0,5 |
| Heidelbeere, roh | 1 | 73 | 13 | 11 | 2 | 0,9 |
| – Kulturheidelbeere, roh | * | 80 | 15 | 13 | 6 | 1,0 |
| Himbeere, roh | 1 | 169 | 40 | 44 | 30 | 1,0 |
| Holunderbeere, roh | 1 | 303 | 37 | 57 | 30 | 1,6 |
| – Saft, ungezuckert | 1 | 288 | 5 | 45 | * | * |
| Honigmelone, roh | 20 | 330 | 6 | 21 | 10 | 0,2 |
| Johannisbeere, rot | 1 | 238 | 29 | 27 | 13 | 0,9 |
| – schwarz | 1 | 310 | 43 | 40 | 17 | 1,3 |
| – weiß | 2 | 268 | 30 | 23 | 9 | 1,0 |
| Kaki, roh | 4 | 170 | 10 | 20 | 8 | 0,3 |
| Kaktusfeige, roh | * | 90 | 24 | 28 | * | 0,3 |

**Zeichenerklärung:** * keine Daten verfügbar; + in Spuren enthalten

| J (µg) | F (µg) | Mn (µg) | Cu (µg) | Zn (mg) | Se (µg) | Mineralstoffgehalt ausgewählter Nahrungsmittel (pro 100 g verzehrfertiger Anteil) |
|---|---|---|---|---|---|---|
| 5 | 14 | 110 | 80 | 0,26 | 1 | Ananas, roh |
| 2 | 7 | 65 | 100 | 0,12 | 1–6 | Apfel, ungeschält, roh |
| 1 | 10 | 120 | 60 | 0,12 | * | – Saft |
| 2 | 5 | 30 | 65 | 0,1 | 4 | Apfelsine, roh |
| * | * | * | * | * | * | – Saft, frisch gepresst |
| + | * | 30 | 55 | 0,12 | * | – Saft, Handelsware |
| 1 | 10 | 270 | 150 | 0,07 | * | Aprikose, roh |
| 3 | 50 | 2000 | 800 | 400 | * | – getrocknet |
| * | * | * | * | * | * | – in Dosen, Gesamtinhalt |
| * | * | 140 | 210 | * | * | Avocado, roh |
| 3 | 20 | 530 | 130 | 0,22 | 4 | Banane, roh |
| 2 | 12 | 50 | 90 | 0,23 | 1 | Birne, roh |
| * | * | * | * | * | * | – in Dosen, Gesamtinhalt |
| + | * | 600 | 140 | * | * | Brombeere, roh |
| * | * | * | * | * | * | – Saft |
| 1 | * | 150 | 330 | 0,34 | 3 | Dattel, getrocknet |
| 1 | 25 | 200 | 120 | 0,12 | * | Erdbeere, roh |
| 2 | 20 | * | 70 | 0,25 | * | Feige, frisch |
| 4 | * | 350 | 380 | 0,9 | * | – getrocknet |
| * | * | * | * | * | * | Granatapfelsaft, frisch |
| 1 | 25 | 13 | 40 | 0,17 | + | Grapefruit, roh |
| * | * | * | * | * | * | Guave, in Dosen, Gesamtinhalt |
| 1 | 60 | 1000 | 1800 | 0,92 | + | Hagebutte, Fleisch und Schale |
| * | 2 | 2500 | 110 | 0,1 | * | Heidelbeere, roh |
| * | * | * | * | * | * | – Kulturheidelbeere, roh |
| 1 | * | 1200 | 140 | 0,53 | * | Himbeere, roh |
| 3 | * | * | 60 | 0,21 | * | Holunderbeere, roh |
| * | * | * | * | * | * | – Saft, ungezuckert |
| 1 | * | * | 85 | 0,2 | * | Honigmelone, roh |
| 1 | 25 | 600 | 100 | 0,2 | + | Johannisbeere, rot |
| 1 | 30 | 680 | 110 | 0,18 | * | – schwarz |
| * | * | * | * | * | * | – weiß |
| * | * | * | * | * | * | Kaki, roh |
| * | * | * | * | * | * | Kaktusfeige, roh |

# OBST UND OBSTPRODUKTE

| Mineralstoffgehalt ausgewählter Nahrungsmittel (pro 100 g verzehrfertiger Anteil) | Na (mg) | K (mg) | Ca (mg) | P (mg) | Mg (mg) | Fe (mg) |
|---|---|---|---|---|---|---|
| Kirsche, süß, roh | 3 | 229 | 17 | 20 | 11 | 0,4 |
| – sauer, roh | 2 | 114 | 8 | 19 | 8 | 0,5 |
| Kiwi, roh | 4 | 295 | 40 | 31 | 24 | 0,8 |
| Korinthe | 20 | 710 | 95 | 40 | 36 | 1,8 |
| Litschi, roh | 3 | 182 | 8 | 30 | 10 | 0,4 |
| Mandarine, roh | 2 | 210 | 33 | 19 | 11 | 0,4 |
| Mango, roh | 7 | 190 | 10 | 13 | 18 | 0,4 |
| Mirabelle, roh | 0,4 | 230 | 12 | 35 | 15 | 0,5 |
| Nektarine, roh | 9 | 270 | 4 | 24 | 13 | 0,5 |
| Olive, grün, mariniert | 2250 | 49 | 96 | 17 | 19 | 1,7 |
| – schwarz, griechische Art | 3288 | * | * | 29 | * | * |
| Papaya, roh | 3 | 200 | 23 | 15 | 40 | 0,4 |
| Passionsfrucht (Maracuja) | 28 | 250 | 16 | 54 | 39 | 1,1 |
| Pfirsich, roh | 1 | 204 | 8 | 21 | 9 | 0,5 |
| – in Dosen, Gesamtinhalt | 3 | 130 | 4 | 13 | 5 | 0,3 |
| Pflaume (Zwetschge), roh | 2 | 221 | 14 | 18 | 10 | 0,4 |
| Preiselbeere, roh | 2 | 77 | 14 | 10 | 6 | 0,5 |
| Quitte, roh | 3 | 201 | 10 | 19 | 8 | 0,7 |
| Reineclaude, roh | 1 | 243 | 13 | 25 | 10 | 1,1 |
| Rosine, ohne Kerne | 21 | 860 | 80 | 110 | 45 | 2,3 |
| Stachelbeere, roh | 1 | 179 | 24 | 30 | 15 | 0,6 |
| Wassermelone, roh | 1 | 158 | 11 | 15 | 3 | 0,4 |
| Weintraube, roh | 3 | 183 | 15 | 20 | 9 | 0,5 |
| – Saft | 3 | 132 | 12 | 12 | 9 | 0,4 |
| Zitrone, roh | 3 | 144 | 19 | 16 | 28 | 0,6 |
| – Saft | 1 | 138 | 11 | 11 | 10 | 0,1 |

**Zeichenerklärung:** * keine Daten verfügbar; + in Spuren enthalten

| J (µg) | F (µg) | Mn (µg) | Cu (µg) | Zn (mg) | Se (µg) | Mineralstoffgehalt ausgewählter Nahrungsmittel (pro 100 g verzehrfertiger Anteil) |
|---|---|---|---|---|---|---|
| 1 | 18 | 63 | 95 | 0,15 | * | Kirsche, süß, roh |
| * | * | * | * | * | * | – sauer, roh |
| * | * | * | * | * | * | Kiwi, roh |
| * | * | * | * | * | * | Korinthe |
| * | * | * | * | * | * | Litschi, roh |
| 1 | 10 | 40 | 90 | 0,08 | 17 | Mandarine, roh |
| 2 | * | 25 | 120 | * | * | Mango, roh |
| * | * | * | * | * | * | Mirabelle, roh |
| * | * | * | * | * | * | Nektarine, roh |
| * | * | 60 | 270 | * | * | Olive, grün, mariniert |
| * | * | * | * | * | * | – schwarz, griechische Art |
| * | * | * | * | * | * | Papaya, roh |
| * | * | * | * | * | * | Passionsfrucht (Maracuja) |
| 1 | 20 | 110 | 50 | 0,02 | + | Pfirsich, roh |
| * | * | * | * | * | * | – in Dosen, Gesamtinhalt |
| 1 | 2 | 80 | 95 | 0,07 | + | Pflaume (Zwetschge), roh |
| 5 | * | 1000 | 260 | 0,25 | * | Preiselbeere, roh |
| * | 6 | 40 | 130 | * | * | Quitte, roh |
| * | * | * | * | * | * | Reineclaude, roh |
| * | * | * | * | * | * | Rosine. ohne Kerne |
| + | 11 | 40 | 95 | 0,1 | * | Stachelbeere, roh |
| 1 | 11 | 110 | 70 | 0,1 | * | Wassermelone, roh |
| * | * | * |  | * | * | Weintraube, roh |
| * | * | * | * | * | * | – Saft |
| 1 | 10 | 30 | 350 | 0,12 | 1–12 | Zitrone, roh |
| * | * | * | * | * | * | – Saft |

Quellenverzeichnis:
Souci, S.W.; Fachmann, W.; Kraut, H.: *Die Zusammensetzung der Lebensmittel, Nährwert-Tabellen*, 5. Auflage, medpharm-Verlag, Stuttgart 1994
Souci, S.W.; Fachmann, W.; Kraut, H.: *Lebensmitteltabelle für die Praxis*, 2. Auflage, Wissenschaftliche Verlagsgesellschaft mbH, Stuttgart 1991
Renner, E.; Renz-Schauen, B.; Drathen, M.: *Nährwerttabellen für Milch und Milchprodukte*, Verlag M. Drathen, Gießen 1994
Carlsson, Sonja: *Die neue große Tabelle der Kalorien und Nährstoffe.* Urania-Verlag, Berlin 1996
Elmadfa et alt.: *Die große GU Nährwerttabelle.* Gräfe und Unzer-Verlag, München 2003/2004
Nestlé Deutschland: *Kalorien mundgerecht.* Umschau-Verlag, Frankfurt/Main 2004

Bildnachweis:
Mosaik Verlag 48 (Brauner); Südwest Verlag 170; 5 M. (Bischops) 83 (Bonisolli) 28, 82 (Brauner) 57 r. (Dag Kempe) 6 o. (Dirk) 76, 123, 171 (Herrmann) 80 u. (Holz) 4 u. (HW Consulting) 80 o., 153 (Kargl) 177, 181 (Kopp) 143 (Nagy) 2 o., 3 M., 5 o., 6 u., 34, 40, 57 l., 58, 62, 64, 70, 78, 113, 126, 191 (Newedel) 2 u. (Plewinski) 14, 131, 163 (Rees) 3 o. Rehm/Sass) 4 o., 22, 26, 54, 102, 105, 106, 108, 124, 135, 141 (Schliack) 21 (Seiffe) 3 u., 4 M., 7, 117, 119 (Sperl) 5 u., 11, 50, 91 (Urban)

Impressum:

ISBN-10: 3-8094-1968-0
ISBN-13: 978-3-8094-1968-6



Umschlaggestaltung: Atelier Versen, Bad Aibling
Redaktion dieser Auflage: Anja Halveland, Jenny Breuer
Lektorat: Dr. Reitter & Partner Verlag GmbH, Vaterstetten
Design: Gowers Elmes, London



Satz: Jung Medienpartner, Limburg
Druck: Těšínská Tiskárna, Český Těšín

Printed in the Czech Republic

121/112070198+121/111390301X817 2635 4453 6271